머리말

일본어능력시험은, 일본어를 모국어로 하지 않는 사람의 일본어 능력을 측정하고 인정하는 시험으로서, 국제교류기금과 일본 국제교육지원협회에 의해 실시되고 있습니다.

시험개시부터 25년 이상이 지나, 2010년부터는 시험이 개정되고, 구시험보다 커뮤니케이션 능력을 더 많이 측정하는 시험이 되었습니다.

일본어능력시험의 개정에 맞춰, 「직전대책 시리즈」도 신시험의 경향에 맞춰, 전면적으로 내용을 개정하게 되었습니다. 「新 직전대책 시리즈」의 두 번째 교재가 본 교재입니다.

문자 · 어휘, 문법은 구시험에 비해 득점의 비중은 낮아졌습니다만, 그래도 독해나 청해 시험에서 어휘력 · 문법력이 시험결과를 좌우하는 것에는 변함이 없습니다. 본 교재에서는 실제 시험의 형식과 같은 모의 테스트에 더해, 부록으로 중요 어휘를 연습문제와 함께 정리해서 실었습니다.

본 교재가 학습자 여러분의 시험대책에 도움이 되어, 여러분이 시험에 합격 하기를 진심으로 바랍니다.

2011년 5월
일본어능력시험 문제연구회

목 차

머리말
본 교재의 사용법

모의 테스트에 도전!

제 1 회 ·· 8
제 2 회 ·· 18
제 3 회 ·· 28
제 4 회 ·· 38
제 5 회 ·· 48
제 6 회 ·· 58
제 7 회 ·· 68
제 8 회 ·· 78
제 9 회 ·· 88
제 10 회 ·· 98
제 11 회 ·· 108
제 12 회 ·· 118
제 13 회 ·· 128
제 14 회 ·· 138
제 15 회 ·· 148

본 교재의 사용법

- 본 교재는 일본어능력시험(Japanese Language Proficiency Test)의 N2레벨을 수험하는 학습자를 위한 대책문제집입니다.

    N2의 시험과목, 시험시간은 아래와 같습니다.
    언어지식(문자·어휘, 문법)·독해(105분)
    청해(50분)

    본 교재는 언어지식의 「문자·어휘」, 「문법」의 문제로 구성되어 있습니다. 「독해」, 「청해」 문제는 없습니다.

- 「모의 테스트에 도전!」 파트에는 15회분의 모의 테스트가 수록되어 있습니다. 목표시간내에 모두 풀고 다시 살펴 볼 수 있도록 합니다.

    시험문제는 구시험 2급의 레벨보다 조금 어렵게 설정되어 있습니다.

- 부록 「중요어휘 및 연습문제」에서는 기본적으로 모의테스트에 출제된 것 이외의 어휘에서 중요한 것을 정리해 놓았습니다.

    각각 품사별로 나누어서 그 어휘의 읽는법과 가장 기본적인 사용법을 연습 문제로 하였습니다.

- 연습문제, 모의테스트와 연습문제의 정답은 별책으로 되어 있습니다.

- 본 책의 출처, 참고문헌 등은 아래와 같습니다(신문기사 등은 제외).

    학습자의 레벨에 맞춰 내용의 취지를 바꾸지 않는 범위에서 요미가나를 달거나 표현을 바꾼 부분이 있습니다.

출처
林望『日本語は死にかかっている』 NTT出版、2008年

참고문헌
二木紘三『図解「話す・聴く・書く」技術！』 日本実業出版社、2001年
　　　　『最初に浮かんだ案は今すぐ捨てろ！』 日本文芸社、2006年

모의테스트에 도전!

제1회 모의 테스트

정답 → 부록 p.54

목표시간 45분

問題1 _____の言葉の読み方として最もよいものを、1・2・3・4から一つ選びなさい。

1 彼女は子どものとき、行儀作法を家庭で厳しく教え込まれた。
　1　こうぎ　　　2　こうき　　　3　ぎょうぎ　　　4　ぎょうき

2 国際コンクールでの優勝は、若い音楽家の人生を一瞬にして変えた。
　1　いちしゅん　2　いつしゅん　3　いっじゅん　4　いっしゅん

3 「残りわずか」の声に誘われて、思わずテレビショッピングで買い物をしてしまった。
　1　さそわれて　2　おそわれて　3　とらわれて　4　うたわれて

4 以前は静かな町だったのに、最近は物騒な事件が多くなった。
　1　ぶっぞう　　2　ぶっそう　　3　ぶつそう　　4　ぶつぞう

5 インフルエンザでの死亡率が低い理由の1つに、国民の衛生知識の高さがあげられる。
　1　ええせい　　2　えいぜい　　3　えいせい　　4　ええぜい

問題2 _____の言葉を漢字で書くとき、最もよいものを1・2・3・4から一つ選びなさい。

6 節約生活に疲れた消費者に安いだけの商品はあきられてきた。
　1　飯きられて　2　飽きられて　3　館きられて　4　飲きられて

7 『源氏物語』は日本の代表的なこてん文学だ。
　1　古展　　　　2　箇典　　　　3　個展　　　　4　古典

8 自分の欠点をなげいてばかりいないで、長所を伸ばすべきだ。
　1　難いて　　　2　嘆いて　　　3　喝いて　　　4　漢いて

9 ストレスの多い現代、うつ病を病む人がげきぞうしている。
　1　激増　　　　2　激象　　　　3　劇増　　　　4　劇象

10 高い技術力のおかげで海水がたんすい化されて、飲めるようになった。
　1　単水　　　　2　短水　　　　3　淡水　　　　4　探水

問題3　（　　　）に入れるのに最もよいものを、1・2・3・4から一つ選びなさい。

11 自分の手で文字を書くと記憶（　　　）がより高まるそうだ。
　1　質　　　　　2　化　　　　　3　力　　　　　4　性

12 この絵は彼の代表（　　　）である。
　1　品　　　　　2　作　　　　　3　物　　　　　4　者

13 ここは高山植物の保護（　　　）です。
　1　区　　　　　2　場　　　　　3　所　　　　　4　域

14 プロ野球の公式（　　　）が始まるところだ。
　1　軍　　　　　2　陣　　　　　3　戦　　　　　4　権

15 この薬は胃を荒らす（　　　）作用がある。
　1　悪　　　　　2　副　　　　　3　複　　　　　4　反

問題4　（　　　）に入れるのに最もよいものを、1・2・3・4から一つ選びなさい。

16　「歴史は繰り返す」と言うが、同じように繰り返されることは（　　　）にない。
　　1　眼中　　　　2　滅多　　　　3　まれ　　　　4　たま

17　洗濯機がこう（　　　）故障するのでは、買い替えるしかない。
　　1　それぞれ　　2　しばしば　　3　ぞくぞく　　4　とうとう

18　この地域は一人暮らしのお年寄りが多く、（　　　）に不安がある。
　　1　セキュリティー　　　　2　コンディション
　　3　オペレーション　　　　4　コンタクト

19　私の夢は、グローバルな（　　　）で活躍することです。
　　1　信頼　　　　2　資本　　　　3　舞台　　　　4　現実

20　この家の建て方は、この地方（　　　）のものです。
　　1　独特　　　　2　格別　　　　3　特例　　　　4　特殊

21　屋根を（　　　）するついでに、太陽光発電システムを取り入れることにした。
　　1　調節　　　　2　管理　　　　3　修正　　　　4　修繕

22　新聞の料理記事の（　　　）を献立の参考にしている。
　　1　切り抜き　　2　切り取り　　3　書き取り　　4　選り抜き

問題5 ＿＿＿＿の言葉に意味が最も近いものを、1・2・3・4から一つ選びなさい。

[23] この私鉄は次の駅でJRと連絡している。
　　1　乗り換えになる　2　交差している　3　一体化している　4　つながっている

[24] 選挙の予想が外れた。
　　1　騒がれた　　　　2　おかしかった　3　当たらなかった　4　難しかった

[25] 近道したのにかえって時間がかかった。
　　1　非常に　　　　　2　改めて　　　　3　逆に　　　　　　4　多少

[26] はっきり意見を申し上げるなら、その案には反対です。
　　1　率直に　　　　　2　適当に　　　　3　簡単に　　　　　4　自由に

[27] 上司が休日出勤して、部下の遅れた仕事をカバーした。
　　1　進めた　　　　　2　終わらせた　　3　引き受けた　　　4　補った

問題6　次の言葉の使い方として最もよいものを、1・2・3・4から一つ選びなさい。

28　通用
1　この仕事には能力のある人物を通用する予定だ。
2　そんなへたな言い訳は、私には通用しない。
3　この危険な仕事に、これだけの給料では通用しない。
4　この本はあなたの勉強に通用するのでお読みなさい。

29　あらすじ
1　論文は、あらすじ書き上がっています。
2　会議で経営方針のあらすじが決まった。
3　仲間同士で激しいあらすじになってしまった。
4　この小説のあらすじを400字以内にまとめなさい。

30　迷惑
1　だれにでも迷惑な思い出の1つや2つはあるものだ。
2　込んでいる電車の中で新聞を広げるのは、他の客に迷惑だ。
3　こんな少ない給料では家族の生活はいい迷惑だ。
4　病気だとわかったときにはもうすでに手遅れで、迷惑な状態だった。

31　売買
1　この店は土日も休まず売買している。
2　この商品は売買がよくて、生産が追いつかない。
3　やむを得ない事情でこの土地を売買することにした。
4　不動産を売買するには資格が必要だ。

32　過半数
1　新しい法案は過半数の賛成を得たので国会で成立した。
2　今回の地震の被害者の数は過半数だった。
3　狭い会場にファンが過半数で押しかけてきた。
4　彼が犯人だという証拠は過半数である。

問題7 次の文の（　　）に入れるのに最もよいものを、1・2・3・4から一つ選びなさい。

33　転職はよく考えた（　　　）決めたことですから、たとえ失敗してもかまいません。
　　1　際に　　　　　2　あげく　　　　　3　上で　　　　　4　ついでに

34　税金が上がるのは困る。しかし高齢者がますます増える現実（　　　）、仕方がない。
　　1　からいって　　2　だからといって　3　だけあって　　4　といって

35　ここのタイ料理は、日本人（　　　）すこし辛さをおさえてあります。
　　1　的に　　　　　2　用に　　　　　　3　寄りに　　　　4　向けに

36　私が見た（　　　）、山田さんがそんなに悪い人とは思えない。
　　1　ことでは　　　2　ものでは　　　　3　かぎりでは　　4　まででは

37　「自分ならもっとうまくやれる」と言うなら、君がやってみる（　　　）だね。
　　1　わけ　　　　　2　もの　　　　　　3　こと　　　　　4　はず

38　結婚後も仕事をする女性が増える（　　　）、専業主婦になりたい女性も増えている。
　　1　反対で　　　　2　以外で　　　　　3　片面で　　　　4　一方で

39　検査の結果が心配（　　　）、朝まで眠ることができなかった。
　　1　のあまり　　　2　のせいか　　　　3　のくせに　　　4　のおかげで

40　この果物はとても健康にいい（　　　）、昔から「医者いらず」とも呼ばれる。
　　1　ことから　　　2　ことだから　　　3　ことに　　　　4　ことなら

41　健康に悪いと（　　　）、どうしてもたばこがやめられない。
　　1　知りつつも　　2　知らないものの　3　知るからには　4　知らないくせに

42 このなかでだれも免許を持っていないなら、私が運転（　　　）ね。
1　するわけにはいかない　　　　2　しないわけにはいかない
3　するべきでない　　　　　　　4　してはいられない

43 たとえ贈り物が（　　　）、下さった方にお礼の手紙くらい書くものですよ。
1　気に入らなかったにしても　　2　気に入らなかったとしたら
3　気に入ったとしても　　　　　4　気に入ったとしたら

44 A「あいにく田中は外出しております。」
　　B「では、A社の山田から電話があったと（　　　）。」
1　伝えていただきますか　　　　2　お伝えいただけますか
3　お伝えになれますか　　　　　4　お伝えいたしましょうか

問題8 次の文の___★___に入る最もよいものを、1・2・3・4から一つ選びなさい。

45 そんな勉強のやり方で合格 _____ _____ ★ _____ みればいいよ。
　1　やれる　　　　2　やって　　　　3　できるか　　　　4　ものなら

46 日本人は、どこでも水がただで _____ _____ ★ _____ です。
　1　がち　　　　2　飲める　　　　3　忘れ　　　　4　ありがたさを

47 歯医者に行くのは、大人に _____ _____ ★ _____ ありません。
　1　なれば　　　　2　という　　　　3　ものでは　　　　4　平気になる

48 私が家のかぎを _____ ★ _____ _____ どろぼうに入られてしまった。
　1　忘れた　　　　2　に　　　　3　かけるのを　　　　4　ばかり

49 A「もう熱もないし、試験だから学校に行ってもいいよね。」
　　B「病気を人に _____ ★ _____ _____ 学校を休んだほうがいいわよ。」
　1　ある　　　　2　以上は　　　　3　うつす　　　　4　おそれが

問題9　次の文章を読んで　50　から　54　の中に入る最もよいものを、1・2・3・4から一つ選びなさい。

　少し前の日本の家庭には、たいてい囲碁の道具があった　50　。子どもたちは、祖父や近所のおじさんたちが遊ぶのをそばで見て、自分たちもルールを覚えていった。だが最近は核家族が増えて、ルールを知らない若い親は子どもに教えることがなくなり、子どもたちも囲碁からは離れていった。

　囲碁は本当に強くなるためには、子どものときから始めるのが重要だそうだ。しかし、かつて1200万人とも言われた競技人口が300万人台にまで落ち込み、しかも子どもの数がとても少なくなった。囲碁にかかわる人々は、日本の囲碁の将来に　51　。

　そこへ救いの神が現れた。1998年から雑誌に囲碁がテーマのマンガが連載され、大ヒットしたのだ。マンガはテレビアニメにもなり、子ども向けに囲碁を教えるテレビ番組も放送された。このマンガを　52　として、囲碁を始めた子どもはざっと100万人と言われる。

　だが何しろ日本人は熱しやすく冷めやすい国民だ。事実、すでに新しく囲碁を始める人は　53　。

　「この機会を一時のブームで　54　」と、関係者はいろいろなアイデアを出している。

50
1　ことだ　　　　2　ものだ　　　　3　ところだ　　　4　ようだ

51
1　大きな希望を持っていた　　　　2　強い不安を持っていた
3　安心しかねなかった　　　　　　4　少しの心配もなかった

52
1　きっかけ　　　2　もと　　　　　3　事情　　　　　4　原因

53
1　減りつつある　　　　　　　　　2　減りそうもない
3　増えるかもしれない　　　　　　4　増えざるを得ない

54
1　終わらせたい　　2　終わらせよう　3　終わらせまい　4　終わりたくない

제2회 모의 테스트

정답 → 부록 p.55

問題1 ＿＿＿の言葉の読み方として最もよいものを、1・2・3・4から一つ選びなさい。

[1] ネット環境が整えばオフィスに<u>縛られる</u>ことなく、どこにいても仕事ができる。
　　1　はめられる　　2　おさめられる　　3　とられる　　4　しばられる

[2] 電車の中は、たくさんの子どもが乗っていて<u>騒々</u>しかった。
　　1　そうぞう　　2　ずうずう　　3　あらあら　　4　いまいま

[3] 我が社は今年から面接の回数を増やして、知識より人物<u>重視</u>で社員を採用する。
　　1　ちょうし　　2　ちょうじ　　3　しゅうじ　　4　じゅうし

[4] お買い物でためたポイントは、商品券に<u>交換</u>できます。
　　1　こうかん　　2　ごうがん　　3　こうがん　　4　ごうかん

[5] スーパーでは食品の<u>包装</u>を少なくする活動が進んでいる。
　　1　ほうぞう　　2　ぼうそう　　3　ほうそう　　4　ぼうぞう

問題2 ＿＿＿の言葉を漢字で書くとき、最もよいものを1・2・3・4から一つ選びなさい。

[6] 太陽エネルギーが生み出す熱は<u>だんぼう</u>に、光は電気に利用できる。
　　1　暖房　　2　暖冒　　3　断房　　4　断冒

[7] あの２人は夫婦だとかんちがいしている人が多い。
　　1　勘違い　　　　2　肝違い　　　　3　感違い　　　　4　塞違い

[8] 常識にてらして考えてみれば、君が今、何をすべきかわかるだろう。
　　1　焦らして　　　2　燃らして　　　3　照らして　　　4　烈らして

[9] このあたりは地震でじばんが沈んでしまった。
　　1　地敷　　　　　2　地版　　　　　3　地番　　　　　4　地盤

[10] 工場の事故で有害物質が流れ、川がおせんされた。
　　1　汚洗　　　　　2　御染　　　　　3　汚染　　　　　4　冒染

問題３　（　　　）に入れるのに最もよいものを、１・２・３・４から一つ選びなさい。

[11] インドのガンジーは（　　　）暴力を信条に独立運動を指導した。
　　1　無　　　　　　2　反　　　　　　3　非　　　　　　4　不

[12] 山田氏は、個性（　　　）俳優として活躍している。
　　1　人　　　　　　2　風　　　　　　3　流　　　　　　4　派

[13] 全社員に職場の改善（　　　）を聞く。
　　1　点　　　　　　2　見　　　　　　3　場　　　　　　4　所

[14] 自然（　　　）の法則には逆らえない。
　　1　方　　　　　　2　側　　　　　　3　界　　　　　　4　世

[15] 子どもたちは（　　　）年齢とあって、すぐに仲よくなった。
　　1　近　　　　　　2　同　　　　　　3　何　　　　　　4　当

問題4　（　　）に入れるのに最もよいものを、1・2・3・4から一つ選びなさい。

16　サークルのホームページに「イベント情報」を追加し、（　　）した。
　　1　制作　　　　　2　工事　　　　　3　閉鎖　　　　　4　更新

17　最も（　　）な成績の学生には、大学から学長賞が贈られます。
　　1　上等　　　　　2　優秀　　　　　3　有効　　　　　4　優良

18　買い物という日常的な行いが、消費を（　　）して世の中を元気にする。
　　1　重視　　　　　2　指導　　　　　3　活用　　　　　4　刺激

19　バスがなかなか来なくて、待っている人たちは次第に（　　）し始めた。
　　1　いらいら　　　2　ぶつぶつ　　　3　のろのろ　　　4　まごまご

20　日本の寿司を（　　）した洋風の寿司が海外で人気だ。
　　1　アプローチ　　2　アレンジ　　　3　アシスト　　　4　アドバイス

21　幸福が（　　）に続くことはありえないのだろうか。
　　1　長期　　　　　2　不変　　　　　3　永遠　　　　　4　不滅

22　あの大企業の社長は自分にはこれといった才能はないと（　　）している。
　　1　謙遜　　　　　2　遠慮　　　　　3　配慮　　　　　4　恐縮

問題5 ＿＿＿＿の言葉に意味が最も近いものを、1・2・3・4から一つ選びなさい。

[23] 試合に負けた悔しさを味わった。
1　記録した　　　2　発表した　　　3　重視した　　　4　経験した

[24] 旅先で偶然昔の友人に出会った。
1　約束通り　　　2　思いがけなく　3　確かに　　　　4　都合よく

[25] 工場の単調な作業にあきてきた。
1　変化がない　　2　よく変わる　　3　手間がかかる　4　休みがない

[26] 負けて困っているところに、強力な味方が現われた。
1　のんびりした　2　予想しない　　3　頼りになる　　4　元気のよい

[27] 彼はバイリンガルだ。
1　国際性がある　2　物知りだ　　　3　二カ国語を話す　4　二重国籍だ

問題6　次の言葉の使い方として最もよいものを、1・2・3・4から一つ選びなさい。

28　反映
1　彼は酒を飲むとすぐに本性を反映する。
2　隠していた事実がついに世間に反映されてしまった。
3　客の希望を反映して、配達のサービスを始めた。
4　黒のドレスは色白の女性の美しさを特に反映していた。

29　ためいき
1　話がおもしろくてためいきが出た。
2　苦手な上司の声を聞いただけで、ぞっとためいきが出る。
3　息子のひどい成績に母は思わずためいきをついた。
4　プールに入る前に、ためいきをしてください。

30　特殊
1　動物には、人間にない特殊な能力を持つものが多い。
2　夜中に特殊な物音がして目が覚めた。
3　彼って特殊にもてるけど、どこがいいのかしらね。
4　今日は特殊にあなただけにプレゼントをあげます。

31　加速度
1　授業は個々の生徒の能力に合った加速度で進める。
2　もう少し加速度をつけないと時間に遅れてしまう。
3　あの人とはなぜか話の加速度が合わない。
4　地上を離れた飛行機は一気に加速度を増した。

32　矛盾(むじゅん)
1　私は工場建設に賛成の彼とは矛盾する立場にある。
2　2人は最初から最後まで矛盾ばかりだ。
3　税金は安くして行政サービスはよくしろだなんて、矛盾している。
4　やっぱり聞くことと見ることでは矛盾している。

問題7 次の文の（　　　）に入れるのに最もよいものを、1・2・3・4から一つ選びなさい。

33 お金がない（　　　）ではないが、必要ないものは買わないことにしている。
1　わけ　　　　2　こと　　　　3　もの　　　　4　どころ

34 これから大急ぎで行った（　　　）、授業に間に合わないだろう。
1　としたら　　2　としても　　3　とすると　　4　となれば

35 友人とおしゃべりをしている（　　　）、別の友人から電話がかかってきた。
1　最中に　　　2　直後に　　　3　途端に　　　4　瞬間に

36 この小さな絵が1億円もするなんて、（　　　）ですね。
1　信じかねない　2　信じるしかない　3　信じがたい　4　信じざるを得ない

37 こんな難しい本は売れないだろうという予想（　　　）、10万冊以上売れた。
1　に対して　　2　に応じて　　3　に当たって　　4　に反して

38 もう二度と失敗は（　　　）と思ったのに、またやってしまった。
1　するものだ　2　するものか　3　しないものだ　4　しないものか

39 A「おひさしぶりです。」
　　B「本当に。（　　　）言えば、お父さまの病気はその後、いかがですか。」
1　もう　　　　2　こう　　　　3　そう　　　　4　どう

40 私が結婚（　　　）がしまいが、あなたには関係ないことだ。
1　したい　　　2　した　　　　3　しよう　　　4　しない

41 この薬の粒は大きすぎて、とても（　　　）。
1　飲みすぎない　2　飲みかねない　3　飲みやすい　4　飲みにくい

42 A「たばこを吸っても、必ず病気になるわけではないだろう。」
　　 B「それでも医者にすれば、禁煙を（　　　）。」
　1　指導するしかないよ　　　　　2　指導するわけがないよ
　3　指導するどころではないよ　　4　指導するはずがないよ

43 会社の一駅前で降りて（　　　）、3カ月で体重がかなり減った。
　1　歩くようにしたものの　　　　2　歩くようにしたところ
　3　歩くようにしたものが　　　　4　歩くようにしたところで

44 会議に出席できなかったので、資料を（　　　）
　1　お見せしていただけますか　　2　見られていただけますか
　3　見ていただけますか　　　　　4　見せていただけますか

問題 8 次の文の＿＿★＿＿に入る最もよいものを、1・2・3・4から一つ選びなさい。

[45] 難しい漢字は、習う ＿＿＿＿ ＿＿＿＿ ＿＿★＿ ＿＿＿＿ うちにきちんと復習しよう。

1　忘れてしまう　　2　忘れない　　3　ので　　4　そばから

[46] 同じ言葉 ＿＿＿＿ ＿＿★＿ ＿＿＿＿ ＿＿＿＿ 印象が変わってしまうことがある。

1　でも　　2　では　　3　次第　　4　話し方

[47] この学校では、＿＿＿＿ ＿＿＿＿ ＿＿★＿ ＿＿＿＿ で受けることができます。

1　最初の　　2　限って　　3　無料　　4　レッスンに

[48] この子は ＿＿＿＿ ＿＿★＿ ＿＿＿＿ ＿＿＿＿ が上手だ。

1　の　　2　わりには　　3　年齢　　4　ピアノ

[49] あの学生の今までの ＿＿＿＿ ＿＿＿＿ ＿＿★＿ ＿＿＿＿ なんて信じられない。

1　取る　　2　成績から　　3　こんな成績を　　4　見ても

問題9 次の文章を読んで 50 から 54 の中に入る最もよいものを、1・2・3・4から一つ選びなさい。

あなたは日本のすし屋のカウンターで、「お好み」ですしを食べたことがありますか。

カウンターのケースの中を見ながら、好きな魚を選び、それを注文して、にぎってもらうので、いちばんおいしい状態で食べられます。ただ自分がどれくらい食べたか、金額が 50 注意が必要です。

このとき、たとえば「マグロ」と注文すると、通常、マグロのすしが2つ出てきます。なぜそうなのか。江戸時代のおすしは大きかったので、2つに切って出したなごりとか、計算しやすくするためだとか、いろいろな説があります。結局、はっきりとはわからなくて、「昔からそうなっている」としか 51 。

ところで、この場合、 52-a で行けば 52-b 食べればいいけれど、 52-c で行って10個食べるとしたら、魚は5種類しか食べられません。ある回転ずし店で、1枚の皿に違う種類のすしを1つずつ2個、乗せ始めました。これなら、食べたすしの数だけ 53 が食べられるので人気が出て、客が増えたそうです。考えたら単純なアイデアです。でも「昔からそうなっている」ことをちょっと変えてみる、そこにお客が増えるかぎがありました。

私たちの身の回りにも、「ちょっと変えてみたらよくなる」ことがたくさんあるかもしれません。常識 54 、頭を柔らかくしておくことが大事なのです。

50

1　わかりやすいので　　　　　　2　わかってしまうので
3　わかりづらいので　　　　　　4　わかりかねないので

51

1　言えるでしょう　　　　　　　2　言いようがありません
3　言いかねません　　　　　　　4　言うまでもありません

52

1　a　1人　／　b　1個ずつ　／　c　1人
2　a　1人　／　b　2個ずつ　／　c　2人
3　a　2人　／　b　1個ずつ　／　c　1人
4　a　2人　／　b　2個ずつ　／　c　1人

53

1　同じすし　　　　2　たくさんのすし　　3　全部のすし　　　4　いろいろなすし

54

1　にとらわれないで　　　　　　2　をこわさないように
3　にかかわらないで　　　　　　4　をぬきにして

제3회 모의 테스트

정답 → 부록p.56

목표시간 **45**분

問題1　＿＿＿の言葉の読み方として最もよいものを、1・2・3・4から一つ選びなさい。

1　ボランティア活動を<u>選択</u>科目に取り入れている大学が多くなっている。
　　1　せんだく　　　2　ぜんだく　　　3　せんたく　　　4　ぜんたく

2　飛行場を建設するには<u>膨大</u>な費用がかかる。
　　1　ぼうだい　　　2　ちょうだい　　3　ばくだい　　　4　じんだい

3　軽く言ったつもりの<u>冗談</u>が友人を傷つけてしまった。
　　1　しょうだん　　2　じょだん　　　3　じょうたん　　4　じょうだん

4　このまま人口が増え続ければ、世界中で食糧や水の<u>奪</u>い合いになるであろう。
　　1　きそい　　　　2　うばい　　　　3　あらそい　　　4　うかがい

5　最近は防犯<u>性能</u>が高いマンションや住宅を作るさまざまな取り組みが進んでいる。
　　1　ぜいのう　　　2　しょうのう　　3　すうのう　　　4　せいのう

問題2　＿＿＿の言葉を漢字で書くとき、最もよいものを1・2・3・4から一つ選びなさい。

6　あのコーチは選手の<u>かくれた</u>能力を引き出すのがうまい。
　　1　隠れた　　　　2　陰れた　　　　3　隆れた　　　　4　隔れた

[7] 火山灰は電気けいとうに入り込み、さまざまな誤作動を起こすことがある。
　　1　計統　　　　2　形統　　　　3　系統　　　　4　経統

[8] これから先、都市の建築物はますますこうそう化が進むであろう。
　　1　構想　　　　2　高層　　　　3　後送　　　　4　効相

[9] 人間は一生悩むことからかいほうされないのだと思う。
　　1　解做　　　　2　解封　　　　3　解報　　　　4　解放

[10] 野菜や果物の栄養価は昔のものとくらべて低くなっている。
　　1　並べて　　　2　比べて　　　3　列べて　　　4　対べて

問題3　（　　）に入れるのに最もよいものを、1・2・3・4から一つ選びなさい。

[11] （　　）事情により今回のイベントは中止する。
　　1　多　　　　　2　複　　　　　3　重　　　　　4　諸

[12] 日曜日は家族で（　　）帰りの旅行を楽しんだ。
　　1　日　　　　　2　泊　　　　　3　行　　　　　4　出

[13] 道路工事は（　　）年度から始まる。
　　1　末　　　　　2　来　　　　　3　数　　　　　4　真

[14] 最新の機器を備えた近代（　　）なビルが建設された。
　　1　風　　　　　2　式　　　　　3　的　　　　　4　性

[15] 的確な質問をよくしてくる彼には将来（　　）を感じる。
　　1　感　　　　　2　性　　　　　3　化　　　　　4　風

問題4 （　　　）に入れるのに最もよいものを、1・2・3・4から一つ選びなさい。

16　試験の出来ですか。すごくよくはなかったけど（　　　）だったと思います。
　　1　せいぜい　　　2　そろそろ　　　3　ゆうゆう　　　4　まあまあ

17　彼女を動物に（　　　）と、気まぐれなところがネコっぽいね。
　　1　例える　　　2　比べる　　　3　たたえる　　　4　こたえる

18　なんでもすぐ行動に移す彼は、気が短い人間だと（　　　）されている。
　　1　評判　　　2　結論　　　3　誤解　　　4　決定

19　昔は貴族以外のまずしい人々は、小さくて（　　　）な家に住んでいた。
　　1　不利　　　2　不幸　　　3　地味　　　4　粗末

20　新入社員は、（　　　）な魅力にあふれている。
　　1　オープン　　　2　フレッシュ　　　3　ダイレクト　　　4　ショック

21　この運動靴は歩きやすさとデザインのよさを（　　　）備えている。
　　1　持ち　　　2　造り　　　3　取り　　　4　兼ね

22　この商店街で生活（　　　）はすべてそろう。
　　1　季節品　　　2　必需品　　　3　付属品　　　4　消耗品

問題5 ＿＿＿の言葉に意味が最も近いものを、1・2・3・4から一つ選びなさい。

23 姉はいらないものまでやたらに買い込んでしまう。
　　1　考えなしに　　2　思いっきり　　3　絶えず　　4　大量に

24 彼女は隙のない人だ。
　　1　余裕　　2　夢　　3　油断　　4　特徴

25 新しい法案作りを慎重に進める。
　　1　容易に　　2　計画的に　　3　注意深く　　4　素早く

26 事故を起こした会社の社長はマスコミに叩かれた。
　　1　質問された　　2　称賛された　　3　注目された　　4　非難された

27 このギターは限定生産のレアなものだ。
　　1　新しい　　2　めずらしい　　3　高い　　4　すばらしい

問題6　次の言葉の使い方として最もよいものを、1・2・3・4から一つ選びなさい。

28　恩恵
1　この祭りは自然の恩恵に浴する感謝を表している。
2　お世話になった人に恩恵返しをする。
3　この神社のお守りは恩恵があると評判だ。
4　先生の恩恵で、無事卒業することができた。

29　素人（しろうと）
1　税金が上がって、素人の生活は苦しくなった。
2　これはとても素人には作れない料理だ。
3　どこの素人かわからない男に娘を嫁にやるわけにはいかない。
4　彼女は素人だけあって、とても美しい。

30　だらしない
1　夫に家事を手伝ってもらったが、ちょっとだらしない。
2　こんなつまらない仕事、だらしなくてやっていられない。
3　そんなことで落ちこむなんて、だらしないやつだ。
4　彼女はきちんと家計簿をつけていて、とてもお金にだらしない。

31　重点
1　日本では、話すことより読む勉強に重点を置く学校がいまだ多い。
2　この計画の成功の重点は君の活躍にかかっている。
3　彼は長年財界の重点だった。
4　あの作家の重点のある言葉が気に入っている。

32　支給
1　このコース修了者には資格を支給する。
2　客は店員に品物の代金を現金で支給した。
3　海外旅行をするなら旅券の支給手続きをしてください。
4　この会社は、給料のほかに家族手当が支給される。

問題7 次の文の（　　　）に入れるのに最もよいものを、1・2・3・4から一つ選びなさい。

33 いったん仕事を引き受けた（　　　）、何があっても完成させなければならない。
1　上から　　　　2　上で　　　　3　上に　　　　4　上は

34 財布を忘れたが、クレジットカードを持っていた（　　　）、何とか買い物ができた。
1　せいで　　　　2　くせに　　　　3　ものの　　　　4　おかげで

35 けちな彼女（　　　）、本物のダイヤモンドなんか買うはずがない。
1　のことから　　2　のことだから　　3　のこととはいえ　　4　のことにしては

36 A社はライバルだが、条件（　　　）は合併の交渉をしてもよい。
1　以前では　　　2　次第では　　　3　程度では　　　4　事情では

37 大地震（　　　）、地図で家までの帰り道を確認しておこう。
1　に応じて　　　2　に向かって　　3　に備えて　　　4　に関して

38 「さくらが咲いた」とニュースになるくらい、日本の春はさくら（　　　）語れない。
1　だけでは　　　2　ぬきには　　　3　ほどには　　　4　のみでは

39 A「もしもし、山下社長はいらっしゃいますか。」
　　B「ただいま、席を（　　　）、折り返しご連絡差し上げます。」
1　はずされておりますので　　　　2　はずしていらっしゃいますので
3　はずしておりますので　　　　　4　はずしてしまいますので

40 急いで論文を書いているが、このままでは締め切りには（　　　）。
1　間に合いそうもない　　　　　　2　間に合わないはずがない
3　間に合うわけでもない　　　　　4　間に合うほかない

41 私がここの決まりを（　　　）、みなさんにご迷惑をおかけしました。
1　知っていただけに　　　　　　　2　知らなかっただけに
3　知っていたばかりに　　　　　　4　知らなかったばかりに

42 あなたがしゃべらない限り、このことを知っている（　　　）。
1　人がいるはずだ　　　　　　　　2　人はいないはずだ
3　人がいるということだ　　　　　4　人がいないということだ

43 食べ物は新鮮であればあるほど（　　　）、少し古いほうがおいしい食品もある。
1　おいしいはずで　　　　　　　　2　おいしいわけではなく
3　おいしくないはずで　　　　　　4　おいしくないわけではなく

44 現代の日本では、長男だからといって必ず家を（　　　）。
1　つぐわけではない　　　　　　　2　つがないではいられない
3　ついではならない　　　　　　　4　つがざるを得ない

問題8 次の文の___★___に入る最もよいものを、1・2・3・4から一つ選びなさい。

45 あなたが困って_____ _____ ___★___ _____ あげたいのだが……。
　1　助けて　　　　2　しては　　　　3　いるなら　　　　4　私と

46 私の妻は_____ _____ ___★___ _____ で高い服を買うことがある。
　1　平気　　　　2　10円を　　　　3　一方で　　　　4　節約する

47 この店のケーキは_____ _____ ___★___ _____ も人気がある。
　1　もちろん　　　2　甘すぎないので　3　女性は　　　　4　男性に

48 時間にだらしない山下さんの_____ ___★___ _____ _____ でさぼっているのだろう。
　1　こと　　　　2　また　　　　3　どこか　　　　4　だから

49 人の_____ _____ ___★___ _____ 、その先にイベント会場があった。
　1　流れに　　　2　進むと　　　　3　沿って　　　　4　歩く

問題9　次の文章を読んで 50 から 54 の中に入る最もよいものを、1・2・3・4から一つ選びなさい。

　妻と離別、または死別して20歳以下の子どもを育てている男性の家庭を「父子家庭」と言います（これに対し、母親と児童の家庭を「母子家庭」と言います）。最近の20年、離婚の増加により父子家庭の数は過去最高になりました。

　母子家庭には、その収入 50 、児童扶養手当という子どもを育てるためのお金が支給され、ほかにもさまざまな制度があります。日本は「夫が外でお金を稼ぎ、妻が家庭で家事・育児をする」という考えが強かったので、 51-a は経済的に苦しい家が多かったためです。

　一方、「 51-b と比べて 51-c には経済的な問題はないだろう」と思われていたので、児童扶養手当は支給されていませんでした。

　ところが父子家庭の収入は、母子家庭ほど 52 、平均に比べたらずいぶん低いことがわかりました。 53 、日本では男性は長い残業も休日出勤もやるのが当たり前で、「保育園に子どもを迎えに行くから、5時には帰らなければならない」という男性を雇ってくれる会社は、あまり多くないのです。すでに働いていても、正社員でなくアルバイトになったり、男性であっても、 54 。

　そして、厚生労働省は低収入の父子家庭にも児童扶養手当を支給することを決定しました。この制度は2010年の年末から施行されることになり、約10万所帯が給付の対象になります。

50

1　に伴った　　　2　に応じた　　　3　に比べた　　　4　に沿った

51

1　a　父子家庭　　／　b　母子家庭　　／　c　母子家庭
2　a　父子家庭　　／　b　父子家庭　　／　c　母子家庭
3　a　母子家庭　　／　b　母子家庭　　／　c　父子家庭
4　a　母子家庭　　／　b　父子家庭　　／　c　父子家庭

52

1　低いにしても　　　　　　　　2　低いはずがなく
3　低くはないものの　　　　　　4　低いと思ったら

53

1　というのも　　2　だからといって　3　にもかかわらず　4　とはいえ

54

1　高収入になりかねません　　　2　高収入にならざるを得ません
3　低収入になり得ないのです　　4　低収入になり得るのです

제4회
모의 테스트

정답 → 부록 p.57

問題1 ＿＿＿の言葉の読み方として最もよいものを、1・2・3・4から一つ選びなさい。

① ロボットは、工場はもちろん国際宇宙ステーションまで、至る所で使われている。
　1　いわゆる　　　2　あらゆる　　　3　いたる　　　4　とおる

② 10日前までに予約をすると、早期割引で宿泊料金が安くなる。
　1　わりひき　　　2　わりびき　　　3　かつひき　　　4　かつびき

③ 机に向かっているときより、散歩中に仕事の発想がわいてくることが多い。
　1　はっそう　　　2　はつそう　　　3　はっぞう　　　4　はつぞう

④ 金銭感覚のなかった父に、母はずっと苦労させられていた。
　1　かんがく　　　2　かんかく　　　3　がんかく　　　4　がんがく

⑤ 結婚は人生の一大事だから慎重に考えなさい。
　1　じんじゅう　　2　しんじゅう　　3　じんちょう　　4　しんちょう

問題2 ＿＿＿の言葉を漢字で書くとき、最もよいものを1・2・3・4から一つ選びなさい。

⑥ あの子はまるでスポンジのように教えたことはすべてきゅうしゅうする。
　1　吸集　　　　　2　究収　　　　　3　吸収　　　　　4　急就

7 あの学者は、この島に長期たいざいして、植物の研究をしている。
　　1　滞存　　　　2　滞在　　　　3　帯存　　　　4　帯在

8 家族みんなで食卓をかこむことが少なくなってしまった。
　　1　因む　　　　2　図む　　　　3　回む　　　　4　囲む

9 娘はチラシの体験談をあんいに信じて高いサプリメントをよく買っている。
　　1　安意　　　　2　安易　　　　3　案意　　　　4　案易

10 警察犬はトラックの中の爆発物をかぎあてた。
　　1　嗅ぎ　　　　2　吸ぎ　　　　3　喝ぎ　　　　4　喫ぎ

問題3　（　　）に入れるのに最もよいものを、1・2・3・4から一つ選びなさい。

11 夜中に大声で騒ぐなんて（　　）常識だ。
　　1　無　　　　　2　不　　　　　3　非　　　　　4　反

12 部長は1日中（　　）機嫌だった。
　　1　悪　　　　　2　非　　　　　3　無　　　　　4　不

13 2人の意見の対立が表面（　　）する。
　　1　化　　　　　2　出　　　　　3　下　　　　　4　現

14 今回の選挙の投票（　　）は高かった。
　　1　性　　　　　2　量　　　　　3　率　　　　　4　比

15 （　　）料理を友人にふるまう。
　　1　和　　　　　2　家　　　　　3　新　　　　　4　手

問題4 （　　　）に入れるのに最もよいものを、1・2・3・4から一つ選びなさい。

16　天然ガスの利用は世界のエネルギー（　　　）を変えるであろう。
　1　展開　　　　　2　事情　　　　　3　事態　　　　　4　体制

17　小柄な母は体に（　　　）する服を探すのにいつも苦労している。
　1　フィット　　　2　セット　　　　3　マット　　　　4　カット

18　畑作りは生きている命を（　　　）いるので、今週は忙しいから、水やりは来週というわけにはいかない。
　1　耕して　　　　2　稼いで　　　　3　整って　　　　4　扱って

19　これは（　　　）私の意見にすぎません。他の人はたぶん違う意見だと思います。
　1　あくまでも　　2　おそらく　　　3　いわゆる　　　4　ほとんど

20　意見があれば何でも（　　　）なく私に言ってください。
　1　援助　　　　　2　失敗　　　　　3　文句　　　　　4　遠慮

21　長い行列の真ん中に、1人の女性が（　　　）割り込んできた。
　1　ちからづよく　2　そそっかしく　3　ずうずうしく　4　くだらなく

22　法律が（　　　）され、傘を差したまま自転車に乗るのは禁止された。
　1　改良　　　　　2　補助　　　　　3　改正　　　　　4　続投

問題5 ＿＿＿＿の言葉に意味が最も近いものを、1・2・3・4から一つ選びなさい。

[23] 給料前の急な出費は痛い。
　1　とても困る　　2　予定が狂う　　3　頭に来る　　4　不安だ

[24] 春先の低温が響き、野菜の値段が高くなった。
　1　続いて　　　2　影響して　　　3　戻って　　　4　ひどくて

[25] 自分の荷物はめいめいで気をつけてください。
　1　毎回　　　　2　お互いに　　　3　各自　　　　4　常に

[26] 女性の社会進出には子育てという大きな壁がある。
　1　障害　　　　2　仕事　　　　　3　苦労　　　　4　心配

[27] オフはもっぱらテレビを見て過ごす。
　1　週末　　　　2　昼休み　　　　3　祝日　　　　4　休みの日

問題6 次の言葉の使い方として最もよいものを、1・2・3・4から一つ選びなさい。

28 演説
1 私どもの協会は何よりも自由と平等を演説しております。
2 選挙中、声を限りに候補者の名前を演説した。
3 新しい首相は、政策について国会で演説した。
4 あの男は義務も果たさずに権利ばかり演説する。

29 生まれ
1 あなたの生まれは何月何日ですか。
2 彼のあのがんこさは生まれのものでどうにもならない。
3 乳歯から永久歯の生まれは10歳ぐらいに起きる。
4 彼女は生まれがよいのか、どこか品がある。

30 危うい
1 最近子どもの様子が少し危うい。
2 近所を危うい男がうろついている。
3 この道路は夜とても暗いので、1人で歩くのは危うい。
4 おぼれかけたが、危ういところで助けられた。

31 実物
1 彼のゴルフの腕前はまさに実物だ。
2 この会社は名前だけで実物がない。
3 写真では見ていたが、実物の美しさは想像以上だった。
4 もし実物のダイヤなら、すごい値段のはずだ。

32 予測
1 雨でもバザーは予測通りに行います。
2 気象庁が春に予測した通り、今年の夏は異常に暑い。
3 彼の競馬の予測は当たったためしがない。
4 予測せぬ事態が起こり、会場は大混乱になった。

問題7　次の文の（　　）に入れるのに最もよいものを、1・2・3・4から一つ選びなさい。

33 景気が悪くなる（　　）、新聞の広告が減ってくる。
1　に反して　　　2　に関して　　　3　に応じて　　　4　にしたがって

34 このレストランは安い（　　）おいしいので、いつも客でいっぱいだ。
1　わりに　　　2　かわりに　　　3　ついでに　　　4　ゆえに

35 え、佐藤さんはまた休みなの。こないだ休んだ（　　）なのに。
1　かぎり　　　2　ばかり　　　3　だけ　　　4　きり

36 給料が上がらないのに子どもが大学に入り、生活が苦しくなる（　　）。
1　理由だ　　　2　状態だ　　　3　一方だ　　　4　限界だ

37 今日はかぜ（　　）だから、おふろには入らないで寝ます。
1　がち　　　2　向き　　　3　気味　　　4　げ

38 たとえ法律を知らなかった（　　）、決まりをやぶったら罪になる。
1　とかいえ　　　2　ともいえ　　　3　とさえいえ　　　4　とはいえ

39 これから皆で力を合わせて、がんばって（　　）ないか！
1　いこうでは　　　2　いかずには　　　3　いっては　　　4　いくわけで

40 （電話で）
　A「もしもし、杉山さんはいらっしゃいますか。」
　B「あの、お名前を（　　）。」
1　うかがってよろしいですか　　　2　うかがっていただけますか
3　申してよろしいですか　　　4　申していただけますか

41 がんばっても必ず成功する（　　）が、やるだけはやろう。
1　というわけではない　　　2　といったところだ
3　というわけだ　　　4　といったようだ

42 木村君が時間通りに家を（　　　）、もう着いているはずなのに、まだ来ていない。
1　出発するとすると　　　　　　2　出発したとすると
3　出発するとしても　　　　　　4　出発したとしても

43 「私がやります」と言ったからには、私が（　　　）。
1　やらざるを得ない　　　　　　2　やるわけにはいかない
3　やるべきではない　　　　　　4　やらないかもしれない

44 若い社員に責任のある仕事を（　　　）、本人もやる気になるのではないか。
1　してやったほうが　　　　　　2　させてやったほうが
3　してあったほうが　　　　　　4　させてあったほうが

問題8　次の文の＿＿＿★＿＿＿に入る最もよいものを、1・2・3・4から一つ選びなさい。

45　動物＿＿＿＿＿＿　＿＿＿＿＿＿　＿★＿＿＿　＿＿＿＿＿＿子どもを捨てるなんて許せない。
　　1　子どもを　　　2　必死に守るのに　　3　でさえ　　　　4　人間が

46　今の若者の考えは＿＿＿＿＿＿　＿＿＿＿＿＿　＿★＿＿＿　＿＿＿＿＿＿多すぎる。
　　1　かねる　　　　2　ことが　　　　　　3　理解　　　　　4　し

47　私が東京に＿＿＿＿＿＿　＿★＿＿＿　＿＿＿＿＿＿　＿＿＿＿＿＿が変わっている気がする。
　　1　たびに　　　　2　まったく　　　　　3　行く　　　　　4　町の様子

48　残念ながら、みなさんの＿＿＿＿＿＿　＿★＿＿＿　＿＿＿＿＿＿　＿＿＿＿＿＿しなければなりません。
　　1　結果を　　　　2　お知らせ　　　　　3　反した　　　　4　ご期待に

49　A「明日、ドライブは絶対に行くの？」
　　B「いや、天気＿＿＿＿＿＿　＿＿＿＿＿＿　＿★＿＿＿　＿＿＿＿＿＿得るよ。」
　　1　あり　　　　　2　中止　　　　　　　3　によっては　　4　ということも

問題9 次の文章を読んで 50 から 54 の中に入る最もよいものを、1・2・3・4から一つ選びなさい。

　地震のない国から日本に来た人が驚くことの1つに、テレビやラジオの緊急地震速報があります。番組の途中で突然チャイムが鳴り、「○○地方で地震です」とアナウンスが流れます。ふつう放送から大きな揺れが来るまで数秒くらいですが、その間に火を消したりテーブルにもぐったりできます。
　その後、すぐに震源はどこか、津波の心配があるかどうかも放送されます。
　これは1995年の阪神・淡路大震災を契機に地震計が日本各地に置かれ始め、そのデータをもとに地震の情報を少しでも早く　50　、研究が始まったものです。2007年から一般人向けに放送されるようになりました。世界でも初めてのシステムです。
　でも、なぜ揺れを感じるか　51　地震や津波が来るとわかるのでしょうか。
　地震が起きると、P波と呼ばれる小さな揺れと、S波と呼ばれる大きな揺れが同時に発生します。P波は毎秒7km、S波は毎秒4kmで進みます。
　先に　52-a　が来たときに、どのくらい後に　52-b　が来るか予測して、緊急地震速報が発表されるのです。いくつかの地点のP波とS波の時間差を見ると、震源がどこかもわかります。
　海底にもたくさん地震計が置かれ、地震波を観測するとデータを衛星に送ります。地震波は海の波より100倍速く着くので、津波が来るかどうか　53　。
　2004年のスマトラ島沖地震でこのシステムがあったら、多くの人の命が助かったことでしょう。今や津波は「tsunami」と、世界でそのまま通じる言葉になりました。津波情報も国境を越えて発信する必要があります。
　緊急地震速報もまだまだ不完全ですが、地震の多い日本　54　の発明と言えるでしょう。

50

1 伝えまいと　　　2 伝えようと　　　3 伝えないと　　　4 伝えるなら

51

1 感じないかのうちに　　　　　　2 感じないままに
3 感じてからでないと　　　　　　4 感じたとたんに

52

1 a P波 ／ b P波　　　　　　2 a S波 ／ b S波
3 a S波 ／ b P波　　　　　　4 a P波 ／ b S波

53

1 計算し得ません　　　　　　　　2 計算しかねません
3 計算し得ます　　　　　　　　　4 計算しかねます

54

1 といったら　　　2 とあって　　　3 だからこそ　　　4 だからといって

제5회 모의 테스트

정답 → 부록 p.58

問題1 ＿＿＿＿の言葉の読み方として最もよいものを、1・2・3・4から一つ選びなさい。

1 親の経済事情で、専門学校へ進路を変更した。
   1 へんごう   2 へんか   3 へんこう   4 へんかん

2 この種目ではオリンピック初となるメダルへの期待が膨らんだ。
   1 からんだ   2 ふくらんだ   3 にらんだ   4 はらんだ

3 学生に人気があるのは「経済学概論」の講座だ。
   1 きろん   2 しょろん   3 がいろん   4 じろん

4 私の登山の目的は頂上に立つことではなく、大自然をゆっくり楽しむことにある。
   1 とうじょう   2 ちょうじょう   3 こうじょう   4 ていじょう

5 東京都は医療水準の向上を目指す新制度を発表した。
   1 ずいじゅん   2 すいじゅん   3 すいしゅん   4 ずいしゅん

問題2 ＿＿＿＿の言葉を漢字で書くとき、最もよいものを1・2・3・4から一つ選びなさい。

6 弱い立場の人に精神的、身体的くつうを与えることをパワーハラスメントという。
   1 苦痛   2 苦通   3 具痛   4 悲痛

7 今朝は手がこごえて、物がうまくつかめないほど寒かった。
　1　冷えて　　　　2　寒えて　　　　3　凍えて　　　　4　涼えて

8 相手チームの弱点をにぎっていたので、試合を有利に進めることができた。
　1　挟って　　　　2　握って　　　　3　担って　　　　4　捕って

9 取引先とりがいが一致して、契約の話がまとまった。
　1　理外　　　　　2　理害　　　　　3　利外　　　　　4　利害

10 厳しいトレーニングを積み重ねて、やっと自分の欠点をこくふくすることができた。
　1　克服　　　　　2　告服　　　　　3　降服　　　　　4　攻服

問題3　（　　）に入れるのに最もよいものを、1・2・3・4から一つ選びなさい。

11 この作業は（　　）仕事ではないので、お年寄りに向いている。
　1　力　　　　　　2　重　　　　　　3　諸　　　　　　4　全

12 飲み会はなんとか1人3000円の予算（　　）におさまった。
　1　中　　　　　　2　下　　　　　　3　外　　　　　　4　内

13 彼は町の有力（　　）だ。
　1　家　　　　　　2　者　　　　　　3　人　　　　　　4　民

14 これは（　　）個人としての意見です。
　1　単　　　　　　2　各　　　　　　3　唯　　　　　　4　一

15 病気をして以来、人生（　　）が変わった。
　1　感　　　　　　2　考　　　　　　3　観　　　　　　4　想

問題4 （　　　）に入れるのに最もよいものを、1・2・3・4から一つ選びなさい。

16　東洋医学は、全身を支える足を特に（　　　）視する。
　　1　大事　　　　2　優先　　　　3　貴重　　　　4　重要

17　エアコンが吐き出す熱が、外の暑さをさらに（　　　）させている。
　　1　増大　　　　2　急増　　　　3　増減　　　　4　激増

18　もう子どもではないんだから、（　　　）言われなくても自分で決めなさいよ。
　　1　あちこち　　2　まあまあ　　3　いちいち　　4　それぞれ

19　この商品が売れない原因の1つは商品の（　　　）のデザインが平凡すぎるからだと思う。
　　1　パート　　　2　パーソナル　3　パターン　　4　パッケージ

20　仕事の悩みなら（　　　）見のよい職場の上司に相談するのがいちばんだと思う。
　　1　面倒　　　　2　世話　　　　3　加減　　　　4　手数

21　博士号は取るし、結婚も決まったし、彼にとって（　　　）ことが続いている。
　　1　かしこい　　2　ふさわしい　3　おめでたい　4　したしい

22　疲れ気味かなと思ったら、ビタミンCを多く（　　　）食品をとるといい。
　　1　包む　　　　2　含む　　　　3　帯びる　　　4　握る

問題5 ＿＿＿＿の言葉に意味が最も近いものを、1・2・3・4から一つ選びなさい。

23 ハイキングは雨で流れた。
　　1　延期になった　　2　中止になった　　3　見直された　　4　変更になった

24 空がにわかに暗くなり、大粒の雨が降り出した。
　　1　すっかり　　2　ぼんやり　　3　くっきり　　4　いきなり

25 彼女はいつも覚めた目で世間を見ている。
　　1　冷静な　　2　鋭い　　3　確かな　　4　温かい

26 友人に強引にパーティーに連れて行かれた。
　　1　むりやり　　2　こっそり　　3　しきりに　　4　わざわざ

27 先輩は私の仕事をサポートしてくれる。
　　1　理解して　　2　評価して　　3　応援して　　4　仕上げて

問題6 次の言葉の使い方として最もよいものを、1・2・3・4から一つ選びなさい。

28 圧縮
1 通勤時間を圧縮するため引っ越しをする。
2 景気が悪いので、社員数を圧縮しなければならない。
3 袋にふとんを入れて空気を抜くと、薄く圧縮できる。
4 スカート丈を3センチ圧縮したら、イメージが変わった。

29 ぼろ
1 このお菓子の名前はぼろがいい。
2 彼女、上品ぶっているけれど、そのうちぼろを出すよ。
3 去年買った服のデザインがぼろになって着られない。
4 彼は他人のぼろばかり探すいやな男だ。

30 上等
1 これはたいへん上等なお品でございます。
2 あの子は病気の母親の世話をして上等だ。
3 上等な考えを持っている若者もたくさんいる。
4 彼女は1人で5人の子どもを育てた上等な女性だ。

31 規律
1 今日の練習の規律はいつもより忙しい。
2 彼はまるで軍隊のように規律正しい生活をしている。
3 社長の大胆な規律で会社は危機を脱した。
4 受験資格を経験者だけに規律する。

32 空想
1 こんな結果になるなんて空想もつきませんでした。
2 子どものころからスターになる空想を見続けている。
3 将来の生活の空想を立ててください。
4 彼女は「もし大金持ちと結婚したら」とか、空想ばかりしている。

問題7 次の文の（　　）に入れるのに最もよいものを、1・2・3・4から一つ選びなさい。

33 私の部屋は広い（　　）、新しくて気持ちがよい。
　1　ながらも　　　　2　かわりに　　　　3　とはいえ　　　　4　上に

34 明日から週末（　　）、全国的によい天気が続くでしょう。
　1　に続いて　　　　2　にかけて　　　　3　に渡って　　　　4　に及んで

35 悪いとわかっていても、時には罪をおかす。それが人間と（　　）だ。
　1　いうこと　　　　2　いう人　　　　　3　いうもの　　　　4　いうわけ

36 たった1番違いで宝くじに外れるなんて、くやしくて（　　）。
　1　ならない　　　　2　なれない　　　　3　なるまい　　　　4　なりきれない

37 A「顔色が悪いですね。」
　　B「（　　）忙しくて、休むひまがないんです。」
　1　なんとか　　　　2　なんでも　　　　3　なにとぞ　　　　4　なにしろ

38 子どものときは（　　）でしたが、すっかり丈夫になりました。
　1　病気みたい　　　2　病気がち　　　　3　病気っぽい　　　4　病気ぎみ

39 最初は嫌いだった日本食も、少しずつ（　　）好きになってきた。
　1　食べるうちに　　2　食べたうちに　　3　食べもしないで　4　食べるそばから

40 中国語は得意です。通訳が必要ならいつでも（　　）。
　1　おっしゃってください　　　　　　2　申されてください
　3　言われていただけますか　　　　　4　申していただけますか

41 彼はよく「寝たきりになってまで（　　）」と言うが、病気になると大騒ぎする。
　1　長生きをしたいものだ　　　　　　2　長生きはするものだ
　3　長生きをしたくないものだ　　　　4　長生きはしないものだ

42 子どものときからずっとピアノを習ってはきたものの、(　　　)。
1 とてもうまくなった　　　　　　2 あまりうまくならなかった
3 きっとうまくなるだろう　　　　4 うまくなるべきだ

43 最高の材料で最高のシェフが作ったのだから、(　　　)。
1 まずいわけではない　　　　　　2 まずくないわけでもない
3 まずいわけがない　　　　　　　4 まずくないわけにもいかない

44 学園祭について、ただ意見を言うだけで何もしなければ、参加(　　　)。
1 することにはならない　　　　　2 することはならない
3 したことにはなる　　　　　　　4 したことになる

問題8 次の文の___★___に入る最もよいものを、1・2・3・4から一つ選びなさい。

[45] 彼女の英語は _____ _____ __★__ _____ はきれいだが、文法は正しくない。
1 発音　　　　2 だけ　　　　3 アメリカ育ち　　4 あって

[46] 私のミスではないのに _____ __★__ _____ _____ も、たまにはあります。
1 とき　　　　2 あやまらざる　3 お客様に　　　4 を得ない

[47] もし私が家を _____ __★__ _____ _____ ずっと遠いところだ。
1 しても　　　2 建てる　　　3 と　　　　　　4 町の中心から

[48] 優勝したマラソン選手は _____ _____ __★__ _____ も練習を休むことはないそうだ。
1 限り　　　　2 雨の日　　　3 来ない　　　　4 台風でも

[49] 米や果物の _____ _____ __★__ _____ です。
1 収穫量は　　2 次第　　　　3 秋の　　　　　4 夏の天気

問題9 次の文章を読んで 50 から 54 の中に入る最もよいものを、1・2・3・4から一つ選びなさい。

最近の日本の夏の暑さには異常な 50 。

以前は体に悪いと言われたエアコンも、今では使わないと命が 51 。

しかしエアコンをつけると熱い空気が外に吹き出て外の空気があたたまり、日が落ちても地面の温度が下がらず、夜も暑いままです。エアコンを使うことが、夏をますます 52 とも言えます。

最近街を歩いていて、窓の外やベランダ一面にひもがつるされたり棒が立てられていて、下に植えた植物の葉が茂っているのを見かけませんか。あれを「緑のカーテン」と言います。

人間が暑いと汗をかくように、植物も暑くなると根から水を吸い、葉の表面が汗をかいたようにぬれます。 53-a 葉の間を空気が通ると、 53-b 葉の間を通るよりたくさんの熱を奪います。そのために空気の温度が下がります。

エアコンのない小学校で「緑のカーテン」を作ったところ、今まで暑くて勉強できなかった窓際の生徒たちも、落ち着いて勉強できるようになりました。

電気代もかからないし、外の地面をあたためることもありません。緑色は勉強で疲れた目を休めるし、実のなる植物なら実を給食に使うこともあるそうです。電気代の節約 54 、見た目にも美しく食べることもできると、よいことばかりです。

市役所が住民に「ぜひ緑のカーテンを作ってください」と呼びかけているところもあります。地球温暖化を食い止めるためにも、広がってほしいものです。

50
1　ことがあります　2　ものがあります　3　わけです　　　　4　ところです

51
1　危ないばかりです　　　　　　　　2　危ないはずです
3　危ないほどです　　　　　　　　　4　危ないところです

52
1　過ごしやすくする　　　　　　　　2　暑くしている
3　涼しくする　　　　　　　　　　　4　快適にする

53
1　a　ぬれた　／　b　かわいた　　　2　a　かわいた　／　b　ぬれた
3　a　ぬれた　／　b　ぬれた　　　　4　a　かわいた　／　b　かわいた

54
1　はともかく　　　2　どころか　　　3　ばかりで　　　4　のみならず

제6회
모의 테스트

정답 → 부록 p.59

問題1 ＿＿＿の言葉の読み方として最もよいものを、1・2・3・4から一つ選びなさい。

① この品質で1万円なら、まあ妥当な値段でしょう。
　1　だどう　　　2　だっとう　　　3　だとう　　　4　たとう

② 血液の循環が悪くなると、疲れが取れにくい体になってしまう。
　1　じゅんがん　2　しゅんかん　3　しゅんがん　4　じゅんかん

③ あの人はいつも損得を判断して行動するような人間だ。
　1　そんとく　　2　そんどく　　3　そうとく　　4　そうどぐ

④ 衣食住に順位をつけるなら、私の場合、食の次に住がくる。
　1　いじょくしゅう　2　いじょくじゅう　3　いしょくじゅう　4　いじょぐしゅう

⑤ 料理の手間を省く調理器具を母の日のプレゼントにした。
　1　ぬく　　　　2　くだく　　　　3　のぞく　　　　4　はぶく

問題2 ＿＿＿の言葉を漢字で書くとき、最もよいものを1・2・3・4から一つ選びなさい。

⑥ 14～15歳という年齢は子どもの終わりであり、大人の始まりであるびみょうな時期だ。
　1　微妙　　　　2　徴妙　　　　3　微明　　　　4　徴明

⑦ 家計をおぎなうために働きに出る主婦は増え続けている。
　　1　添う　　　　2　充う　　　　3　補う　　　　4　授う

⑧ 人の頭の中にはパソコンも及ばないような記憶そうちがあるという。
　　1　創置　　　　2　構置　　　　3　操置　　　　4　装置

⑨ しゅっきん前に会社の近くの喫茶店で朝食を食べることにしている。
　　1　出勤　　　　2　出緊　　　　3　出務　　　　4　出働

⑩ 50年前までは地図になかったヒマラヤのこの湖は、氷がとけてできた。
　　1　湯けて　　　2　解けて　　　3　割けて　　　4　削けて

問題3 （　　　）に入れるのに最もよいものを、1・2・3・4から一つ選びなさい。

⑪ 雨水をタンクにためて、火災（　　　）の消火に使う。
　　1　場　　　　　2　時　　　　　3　防　　　　　4　間

⑫ 長年（　　　）解決だった事件が解決した。
　　1　非　　　　　2　不　　　　　3　未　　　　　4　無

⑬ 新しい機械の（　　　）運転をする。
　　1　試　　　　　2　実　　　　　3　始　　　　　4　再

⑭ 軍事（　　　）に頼らない外交を望む。
　　1　権　　　　　2　戦　　　　　3　力　　　　　4　上

⑮ 子どもの成長は個人（　　　）が大きい。
　　1　面　　　　　2　期　　　　　3　別　　　　　4　差

問題4 （　　）に入れるのに最もよいものを、1・2・3・4から一つ選びなさい。

16　古いアルバムが出てきて、子ども時代を（　　）思い出した。
　　1　めでたく　　　2　おしく　　　3　醜く　　　4　懐かしく

17　景気が回復しつつあるので、自分で（　　）できるまで就職活動を続けることにした。
　　1　納得　　　2　了解　　　3　公認　　　4　承知

18　課長のお説教はいつも（　　）だ。
　　1　ワンセット　　　2　ワンパターン　　　3　ワンクッション　　　4　ワンタッチ

19　今年はスポーツ界に新しいスターが（　　）誕生した。
　　1　繰り上げて　　　2　引き分けて　　　3　相次いで　　　4　乗り出して

20　その迷子は自分の名前を（　　）と答えたので、すぐに親を見つけることができた。
　　1　なかなか　　　2　ひろびろ　　　3　てんてん　　　4　はきはき

21　最近家族で（　　）がけの旅行に出かけることが少なくなった。
　　1　宿泊　　　2　泊まり　　　3　日帰り　　　4　遠出

22　目の（　　）を利用した現代アート展で不思議な感覚を楽しんできた。
　　1　観測　　　2　記憶　　　3　誤解　　　4　錯覚

問題5 ＿＿＿の言葉に意味が最も近いものを、1・2・3・4から一つ選びなさい。

23 担当者が戻りましたら、折り返し電話を差し上げます。
　1 すぐに　　　2 明日までに　　　3 必ず　　　4 取りあえず

24 あの教授の話はすぐそれる。
　1 出版する　　2 翻訳する　　　3 脱線する　　4 延長する

25 マラソン選手は、一気に坂を下った。
　1 全速力で　　2 たちまち　　　3 休まずに　　4 なんとか

26 そのニュースを聞いて父は苦い顔をした。
　1 不愉快な　　2 不安な　　　　3 真剣な　　　4 得意な

27 彼らの語学力はレベルアップしている。
　1 低下　　　　2 上達　　　　　3 信用　　　　4 承知

問題6 次の言葉の使い方として最もよいものを、1・2・3・4から一つ選びなさい。

[28] 往復
1 子どものころの思い出が頭の中を往復する。
2 毎朝学校へバスで往復している。
3 工事が終わり、道路はすっかり往復している。
4 家と会社の間を往復するだけの毎日だ。

[29] あらわれ
1 昔の町並みをあらわれにして観光客を呼ぶ。
2 一度あきらめた歌手になる希望があらわれになった。
3 この投票率の低さは、政治への無関心のあらわれだ。
4 お祭りには、たくさんの人々のあらわれがある。

[30] 効力
1 勉強した効力があって合格した。
2 仕事をまかせられて大きな効力を感じる。
3 この薬は古くなると、効力がほとんど失われる。
4 この部屋の間取りは効力が悪い。

[31] 見事
1 息子は見事な会社に就職できて喜んでいる。
2 私の友人の画家は有名ではないが見事な絵を描く。
3 20歳になればもう見事な大人といえる。
4 あの子は幼い弟の世話をよくする見事な子どもだ。

[32] 開放
1 犯人につかまっていた人質が開放された。
2 この庭園は、日曜日だけ市民に開放される。
3 旅行から帰ってきて、駅でみんな開放した。
4 最近景気がようやく開放してきた。

問題7 次の文の（　　　）に入れるのに最もよいものを、1・2・3・4から一つ選びなさい。

33　A「来週には退院できますか。」
　　B「検査の結果（　　　）は、もっと早くできるかもしれませんよ。」
　　1　において　　　2　によって　　　3　にあたって　　　4　について

34　電車でたまたま隣に座ったこと（　　　）、彼女と付き合い始めた。
　　1　をきっかけに　　2　をもとにして　　3　を通じて　　4　をめぐって

35　彼は会社の社長だ（　　　）、従業員は2人しかいない。
　　1　というのに　　2　といったら　　3　といっても　　4　といえば

36　車による旅行は便利な（　　　）、疲れるし事故の危険性も高い。
　　1　他方　　　　　2　反面　　　　　3　反対　　　　　4　半分

37　仕事が忙しく、結婚（　　　）彼女さえ見つけることができない。
　　1　するどころか　　　　　　　2　したところで
　　3　してみたところで　　　　　4　するところが

38　みんな、くびになるのがこわい（　　　）だから、社長に何も言えないでいる。
　　1　もの　　　2　こと　　　3　ところ　　　4　わけ

39　今（　　　）と思ったら、もう帰ってしまった。なんて忙しい人だ。
　　1　来るだろう　　2　来ないか　　3　来るものか　　4　来たか

40　今夜は妻がいないから、自分で料理を（　　　）。
　　1　作るはずがない　2　作るしかない　3　作りかねない　4　作りようがない

41　旅行会社に連絡（　　　）ので、旅行に参加するかしないか早く返事をください。
　　1　してはいけない　　　　　　2　しないといけない
　　3　するのはいけない　　　　　4　するといけない

42　パソコンが動かない。こうなったら買ったお店に修理を（　　　）。
　1　頼むにほかならない　　　　　2　頼むよりほかはない
　3　頼むほかよりない　　　　　　4　頼むほかにある

43　A「ご結婚、おめでとう！」
　　B「ありがとう。（　　　）、幸せな家庭を作りたいです。」
　1　結婚することには　　　　　　2　結婚しないことには
　3　結婚するからには　　　　　　4　結婚しないからには

44　お父さんは毎朝早く出かけるのだから、日曜くらいは（　　　）。
　1　寝てあげなさい　　　　　　　2　寝られてしまいなさい
　3　寝てしまいなさい　　　　　　4　寝かせておきなさい

問題8 次の文の___★___に入る最もよいものを、1・2・3・4から一つ選びなさい。

45 部長は忙しすぎて_____ _____ ★_____ _____です。
  1 心配   2 疲れ   3 ようで   4 気味の

46 明日は旅行の予定だが_____ _____ _____ ★_____ なくなった。
  1 近づいて   2 行く   3 どころでは   4 台風が

47 今日の朝早くから会議が_____ _____ ★_____ _____しまって、遅刻した。
  1 言われて   2 忘れて   3 あると   4 いながら

48 A「スピーチコンテストは、だれが優勝するだろうね。」
　　　B「もちろん、_____ ★_____ _____ _____いるよ。」
  1 だれが   2 リーさんに   3 見ても   4 決まって

49 運動はその人の_____ _____ ★_____ _____体をこわしますよ。
  1 やらないと   2 体力に   3 応じて   4 かえって

問題9　次の文章を読んで 50 から 54 の中に入る最もよいものを、1・2・3・4から一つ選びなさい。

　現代は科学の時代 50 、占いの好きな人は多い。朝のテレビ番組では、必ずといっていいほど、「今日の運勢」を取り上げているし、女性向けの雑誌の新年号は、「今年のあなたの運命」という特集を 51 作れない。
　実は大会社の社長や政治家にも占い師に頼る人が少なくない。
　占いが科学的に正しいかどうかはわからない。しかし占い師はたくさんの人を見てきている。顔だけで「この人はどんな人か。何に悩んでいるか」とわかるのではないか。相談する人も悩みを 52 だけで心が軽くなるものだ。
　また、ある人が「こんな仕事を始めたいんだが」と相談して、占い師が「最初は苦労するけれど、かならず成功すると占いに出ています」と答えたとする。
　たとえば、3年やってなかなか成功せず 53 、「占い師が『最初は苦労する』と言ってたな」と思い直して、その後さらに10年がんばって成功するかもしれない。
　生まれた日や名前や血液型で運命が 54 。だが占いをうまく使えば、迷ったときに背中を押してくれたり、心を支えてくれるものになるのだ。

50
1 にもかかわらず　　2 にかかわって　　3 にかけても　　4 につけても

51
1 なければ　　　　2 ぬきには　　　　3 とわずに　　　4 なくては

52
1 聞いてあげる　　2 聞かせてあげる　3 聞いてもらう　4 聞かせてもらう

53
1 あきらめられるが　　　　　　2 あきらめきれず
3 あきらめるところを　　　　　4 あきらめたのに

54
1 決めるものがない　　　　　　2 決めることがない
3 決まるものはない　　　　　　4 決まることはない

제7회

모의 테스트

정답 → 부록 p.60

問題1 ＿＿＿＿の言葉の読み方として最もよいものを、1・2・3・4から一つ選びなさい。

① こんなに食費がかかるとは勘定に入れてなかった。
　1　かんてい　　　2　かんじょう　　　3　かんでい　　　4　かんしょう

② 飛行機事故の原因を徹底的に調査する。
　1　てっていでき　2　てつていてき　3　てつでいてき　4　てっていてき

③ 太陽光に干した野菜は、ビタミンDが増える。
　1　かわかした　　2　さらした　　　3　みたした　　　4　ほした

④ あの会社の経営状況はここ数年下降している。
　1　げこう　　　　2　げごう　　　　3　かこう　　　　4　かごう

⑤ 休んでも取れない疲れを抱えている現代人が多くなった。
　1　かかえて　　　2　おぼえて　　　3　たくわえて　　4　おさえて

問題2 ＿＿＿＿の言葉を漢字で書くとき、最もよいものを1・2・3・4から一つ選びなさい。

⑥ 心からうやまうオペラ歌手の初来日が決定して、今からわくわくしている。
　1　敬う　　　　　2　尊う　　　　　3　仰う　　　　　4　拝う

[7] 新人作家のデビュー作はサイトで厳しくひひょうされた。
1 非評　　　　2 比評　　　　3 品評　　　　4 批評

[8] あくびはなぜ他人にでんせんするのかは、まだ学問的にわかっていない。
1 電染　　　　2 伝染　　　　3 伝線　　　　4 電線

[9] 生きている時間に限りがあると考えると、きちょうな時間を無駄にはできない。
1 貴重　　　　2 希重　　　　3 貴調　　　　4 希調

[10] 近くのコンビニで、アルバイト店員をぼしゅうしている。
1 慕集　　　　2 暮集　　　　3 募集　　　　4 墓集

問題3　（　　　）に入れるのに最もよいものを、1・2・3・4から一つ選びなさい。

[11] 自動車に代表される製造（　　　）が日本の貿易をリードしてきた。
1 性　　　　　2 権　　　　　3 行　　　　　4 業

[12] （　　　）成年の人と運転手は、お酒を飲んではいけませんよ。
1 未　　　　　2 非　　　　　3 不　　　　　4 来

[13] シェイクスピアの作品には数々の（　　　）文句がある。
1 明　　　　　2 美　　　　　3 名　　　　　4 大

[14] 最近、テニスのサーブに安定（　　　）が出てきた。
1 化　　　　　2 心　　　　　3 感　　　　　4 面

[15] 腕のいい料理（　　　）を雇う。
1 人　　　　　2 者　　　　　3 工　　　　　4 士

問題4 （　　）に入れるのに最もよいものを、1・2・3・4から一つ選びなさい。

16 彼は日本一の数学者なのに、決していばらない（　　）な人柄だ。
　1　堅実　　　　2　謙虚　　　　3　地味　　　　4　丁寧

17 マラソン大会で、腰やひざの痛みを（　　）、経験の浅いランナーが多い。
　1　訴える　　　2　止める　　　3　治める　　　4　捕らえる

18 飲み会の日、友だちと居酒屋で（　　）。
　1　立ち合った　2　取り合った　3　張り合った　4　落ち合った

19 駅前の広場で通行人に（　　）中のジュースを無料で配っていた。
　1　キャンペーン　2　コンテスト　3　ショッピング　4　キャンプ

20 （　　）家には子どもがそのまま大人になったような人が多いと思う。
　1　学者　　　　2　芸能　　　　3　冒険　　　　4　競技

21 仕事を始める前に（　　）お茶でも飲んで、疲れをとってください。
　1　いまに　　　2　しきりに　　3　いくぶん　　4　ひとまず

22 平気でうそをつくあの男が政治家になるだなんて、（　　）話だ。
　1　すまない　　2　やむを得ない　3　とんでもない　4　やかましい

問題5 ＿＿＿＿の言葉に意味が最も近いものを、1・2・3・4から一つ選びなさい。

23 ライバルは自信にあふれていた。
　　1　欠けていた　　　2　満ちていた　　　3　輝いていた　　　4　甘えていた

24 事件の裏をこっそり調べる。
　　1　その後　　　　　2　犯人　　　　　　3　隠れた事情　　　4　被害

25 犯人はあの人です。現に私はこの目で見たんですから。
　　1　その場で　　　　2　一瞬　　　　　　3　本来　　　　　　4　実際に

26 先生が自ら手を取って生徒を指導した。
　　1　丁寧に　　　　　2　進んで　　　　　3　無理に　　　　　4　適切に

27 システムのエラーで、大事なメールを送れなかった。
　　1　更新　　　　　　2　誤り　　　　　　3　破壊　　　　　　4　変更

問題6　次の言葉の使い方として最もよいものを、1・2・3・4から一つ選びなさい。

28　加減
1　この料理を作るときは、ときどき火の強さを加減しなさい。
2　加減の悪いことに、出かけようとしたときに雨が降り出してきた。
3　あの男の常識の加減はその程度のものだよ。
4　風邪をひいて、すっかり加減ができなくなった。

29　ねらい
1　優勝という大きなねらいに向かってがんばる。
2　税金を下げた政府のねらいは、今度の選挙に勝つことだ。
3　この道路は来年までの完成をねらいにしている。
4　今日の買い物のねらいは冬の洋服です。

30　陽気
1　会社は法律に陽気な人を求めています。
2　あの子は陽気にふるまっているが、両親の離婚にとても傷ついている。
3　しっかり勉強すれば若い君たちの将来は陽気だ。
4　今日は母親の陽気がいつになくいい。

31　気配
1　彼女はとても気配のいい人だ。
2　被災地の人々の気配をレポートする。
3　故郷の町はすっかり気配が変わってしまった。
4　この家は人の住んでいる気配がまったくない。

32　引用
1　西洋の小説には、聖書から引用された言葉が多い。
2　秘密の情報がこっそり国外に引用されてしまった。
3　教授の本を1週間引用させていただいた。
4　他人の力をいつも引用するわけにはいかない。

問題7 次の文の（　　）に入れるのに最もよいものを、1・2・3・4から一つ選びなさい。

33 お客様のご希望（　　）、夜8時まで営業することにしました。
1 にそなえて　　2 に対して　　3 に際して　　4 に応えて

34 電車を降りる（　　）、傘を忘れないようにしてください。
1 前に　　2 後に　　3 際に　　4 間に

35 きのう雨にぬれた（　　）、今日はなんとなく熱っぽい。
1 せいか　　2 ことか　　3 わけか　　4 ものか

36 動物たちのかわいい動きに、（　　）はいられませんでした。
1 笑って　　2 笑うどころで　　3 笑わずに　　4 笑わなくて

37 上司とけんかして会社を辞めた彼女は、新しい職場で生き生きと（　　）働いている。
1 楽しいらしく　　2 楽しげに　　3 楽しいように　　4 楽しいそうに

38 A「この計画について、なにか意見がありますか。」
　 B「そうですね、（　　）と言ってありません。」
1 これ　　2 それ　　3 あれ　　4 どれ

39 助けてくれた人に、感謝の気持ちを（　　）手紙を書いた。
1 詰めて　　2 入れて　　3 注いで　　4 込めて

40 田舎で（　　）車が必要なので、自動車学校に行くことにした。
1 生活する最中に　　　　　2 生活する上では
3 生活しようとするために　4 生活することには

41 新しい料理を覚えたので、さっそく作って母に（　　）と思う。
1 食べさせてあげよう　　2 食べてあげよう
3 食べさせてしまおう　　4 食べてしまおう

42 がんばって書類を作ったのに、ミスがたくさん見つかってしまった。確認（　　　）よ。
1　しておけばよかった　　　　　2　しないでおけばよかった
3　したままでよかった　　　　　4　しないままでよかった

43 前田君は有名な大学の文学部を（　　　）、よく言葉を間違えて使う。
1　出ただけあって　　　　　　　2　出ているにしては
3　出ただけあっては　　　　　　4　出ているにしろ

44 私は音楽大学に行きたいのだが、我が家の経済状態では（　　　）だろう。
1　あきらめざるを得ない　　　　2　あきらめるわけにいかない
3　あきらめられない　　　　　　4　あきらめかねる

問題8　次の文の＿＿★＿＿に入る最もよいものを、1・2・3・4から一つ選びなさい。

45 その製品がどんなにすばらしくても、＿＿＿＿　＿＿＿＿　＿★＿＿　＿＿＿＿信用できない。

1　ことには　　　2　使って　　　3　実際に　　　4　みない

46 小さな子どもに＿＿＿＿　＿★＿　＿＿＿＿　＿＿＿＿の海外旅行くらい大きな楽しみだ。

1　遠足は　　　2　とっての　　　3　大人に　　　4　とって

47 心から反省している＿＿＿＿　＿＿＿＿　＿★＿＿　＿＿＿＿ちゃんと謝ってほしい。

1　ないが　　　2　わけでも　　　3　許さない　　　4　なら

48 3日間、＿＿＿＿　＿＿＿＿　＿★＿＿　＿＿＿＿会社を辞めることにしました。

1　考え　　　2　思い切って　　　3　末　　　4　抜いた

49 あの歌手の名前は＿＿＿＿　＿★＿＿　＿＿＿＿　＿＿＿＿としても、どうしても思い出せない。

1　思い出そう　　　2　何だっ　　　3　と　　　4　たっけ

問題9　次の文章を読んで 50 から 54 の中に入る最もよいものを、1・2・3・4から一つ選びなさい。

　現代の日本人の30～34歳の人でまだ結婚していない人は、男性が50%近く、女性が約30%で、これは30年前に比べて男性は3倍、女性は4倍になっている。
　結婚しない理由は、1つには長引く不景気で、経済的に家庭を持つ自信のない 50-a が増えたことがある。また、世間も「人は絶対、結婚すべきだ」という考え方が薄くなってきた。 50-b でも、コンビニや電化製品のおかげで、家事をしてくれる人が必要なくなった。女性も仕事を持つ人が多くなり、生活のために 51 ことも理由の1つだ。
　しかし親 52 「若いうちはいいけれど、年を取ってから1人ではさびしい」と心配でたまらず、「何とか結婚してほしい」と悩む人が多い。
　そこである会社が親同士の「代理お見合いパーティー」を開いたところ、多くの申し込みがあったそうだ。
　親たちは子どもの写真と仕事や趣味を書いた紙を持ち、それを異性の子どもを持つ親に見せて自分の子どもを売り込む。自分の娘や息子もすでに 53 、親も必死である。親同士で話がまとまれば、その後、本人たちがデートするというシステムだ。
　「大人ならば、結婚相手 54 、親に頼らず自分で見つけたらどうだ」と言う人も多い。
　しかし考えれば、日本ではちょっと前までは子どもの結婚相手を、親、特に父親が決めたものだ。そう考えれば、それほど新しいことではないのかもしれない。

50

1　a　独身者　／　b　独身　　　　2　a　既婚者　／　b　既婚

3　a　独身者　／　b　既婚　　　　4　a　既婚者　／　b　独身

51

1　結婚しなくてはならなかった　　2　結婚せざるを得なくなった

3　結婚しなくてもよくなった　　　4　結婚してはいられなかった

52

1　によっては　　2　からすると　　3　でさえ　　4　については

53

1　若いからといって　　　　2　若いからこそ

3　若くないとはいえ　　　　4　若くないとあって

54

1　のみは　　2　くらいは　　3　さえ　　4　こそ

제8회

모의 테스트

정답 → 부록p.61

목표시간 45분

問題1 ＿＿＿＿の言葉の読み方として最もよいものを、1・2・3・4から一つ選びなさい。

1 食器洗浄機は、使ってみると不便なところもある。
　1 せんじょ　　　2 せんざい　　　3 せんじょう　　　4 せんたく

2 後輩の第一印象は神経質で頼りない感じだ。
　1 しんけいしつ　2 しんきょうしつ　3 じんけいしつ　4 じんきょうしつ

3 途上国の女性が収入を得られるように、裁縫技術の研修を開始した。
　1 ざいもう　　　2 さいぼう　　　3 さいもう　　　4 さいほう

4 経済は、都市に集まってくる有能で意欲のある人々の努力で成長してきたといえる。
　1 うのう　　　　2 ゆうえき　　　3 ゆうのう　　　4 ゆうこう

5 楽をして稼ぐことを恥としない日本人が多くなってしまった。
　1 ふせぐ　　　　2 かせぐ　　　　3 そそぐ　　　　4 かつぐ

問題2 ＿＿＿＿の言葉を漢字で書くとき、最もよいものを1・2・3・4から一つ選びなさい。

6 一部の人間がふせいに利益を得るような世の中であってはならない。
　1 不政　　　　　2 不成　　　　　3 不正　　　　　4 不制

[7] 妻とよく話し合ったうえで、離婚とどけを出した。
   1 屈   2 居   3 展   4 届

[8] 過去問題をぶんせきし、短期間で大学合格の力を身につけるつもりだ。
   1 分責   2 分析   3 分積   4 分折

[9] 砂糖は畑からできるてんねんの調味料だ。
   1 天燃   2 天然   3 伝燃   4 伝然

[10] 我が社は「環境にやさしい商品」の開発に力をそそいでいます。
   1 注いで   2 沿いで   3 泊いで   4 沖いで

問題3 （　　　）に入れるのに最もよいものを、1・2・3・4から一つ選びなさい。

[11] ファッション界の第一（　　　）で活躍する。
   1 者   2 人   3 線   4 陣

[12] あなたの国の住所ではなく、今住んでいる（　　　）住所を書いてください。
   1 現   2 今   3 在   4 再

[13] よく山に登るが、（　　　）天候になったらすぐ引き返すことにしている。
   1 雨   2 荒   3 悪   4 激

[14] この乗り物は安全（　　　）での問題がある。
   1 値   2 面   3 感   4 下

[15] 彼はだぶだぶで（　　　）格好な服を着ている。
   1 反   2 非   3 悪   4 不

問題4 （　　）に入れるのに最もよいものを、1・2・3・4から一つ選びなさい。

16　先日、彼を両親に紹介しました。（　　）結婚式をあげるつもりです。
　　1　着々　　　　2　近々　　　　3　急に　　　　4　にわかに

17　50代という年齢の（　　）をものともせず、再就職が決まった。
　　1　バンク　　　2　ハント　　　3　ハンデ　　　4　ハンター

18　仕事でも勉強でも我を忘れるほど夢中になることそのものに、喜びを（　　）。
　　1　震える　　　2　越える　　　3　支える　　　4　覚える

19　世界の（　　）7カ国が集まって、国際会議が開かれた。
　　1　重要　　　　2　主要　　　　3　重大　　　　4　長大

20　人のものを欲しがるなんて、（　　）まねはやめなさい。
　　1　だらしない　2　もったいない　3　みっともない　4　ものすごい

21　まだたっぷり時間があると（　　）していたため、今レポートの締め切りに追われて大変です。
　　1　油断　　　　2　怠慢　　　　3　停止　　　　4　休暇

22　つる性の植物で日陰を作って電気代を（　　）する。
　　1　減少　　　　2　縮小　　　　3　節約　　　　4　解約

問題5 ＿＿＿の言葉に意味が最も近いものを、1・2・3・4から一つ選びなさい。

[23] 彼は信頼するに足りる人物だ。
　　1　不安な　　　　2　十分な　　　　3　危うい　　　　4　問題の

[24] 祭りに集まる観光客は、ざっと十万人だろう。
　　1　おおよそ　　　2　おそらく　　　3　少なくとも　　4　多ければ

[25] その行動は法律に触れる。
　　1　よっている　　2　基づく　　　　3　違反する　　　4　合っている

[26] お寺のふすまの絵は架空の動物だ。
　　1　信仰上の　　　2　不思議な　　　3　特殊な　　　　4　想像上の

[27] 大学ごとに、その学校のカラーというものがある。
　　1　規則　　　　　2　特色　　　　　3　方針　　　　　4　伝統

問題6　次の言葉の使い方として最もよいものを、1・2・3・4から一つ選びなさい。

28　警告
1　電車の中で騒いでいる子どもにだれも警告しなかった。
2　彼は他人の間違いばかり警告するいやな人間だ。
3　世界各地の気候変化は人類に地球の異常を警告している。
4　二度とこのような失敗をしないよう警告してまいります。

29　つながり
1　大企業につながりの子会社に入社した。
2　来月工事が完成すると道路はつながりになる。
3　子どもたちは手をつながりながら歩いている。
4　彼は夫の兄で、私とは血のつながりはない。

30　余計
1　今年の会費の余計は来年に回しますのでよろしく。
2　会社の経営がうまくいっていないという証拠は余計にある。
3　ついひと言余計なことを言って、上司を怒らせてしまった。
4　お金なら余計にあるのでどうぞ心配しないでください。

31　世間
1　法律上は罪にならないが、世間が許しません。
2　大人になったら広い世間を旅行してみたい。
3　退職したら畑仕事でもしてのんびり世間を送りたい。
4　若者の世間ではそんなことは常識だそうだ。

32　交代
1　テレビが故障したので、新しいものと交代した。
2　昼と夜姉妹で交代しながら、母の看病をした。
3　このぼくの本と君の本を交代しないか。
4　彼は文系志望だったのだが、理系に交代した。

問題7 次の文の（　　　）に入れるのに最もよいものを、1・2・3・4から一つ選びなさい。

33 家族全員が集まって、まるで正月が（　　　）のようだ。
1　来るか　　　　2　来たか　　　　3　来つつ　　　　4　来ないか

34 A「おさしみの切り方を教えて。」
B「まず、ほうちょうの持ち方から（　　　）間違っているよ。」
1　して　　　　2　すれば　　　　3　したら　　　　4　しないと

35 あなたにはおこづかいでも、私（　　　）10万円は大金です。
1　によっては　　2　にとっては　　3　については　　4　にかけては

36 いくら北海道でも８月に雪が降るなんて、（　　　）。
1　あり得る　　　2　あり得ない　　3　あるらしい　　4　ありそうだ

37 リンさんは教授に厳しく指導され、（　　　）になっていた。
1　泣くよう　　　2　泣くそう　　　3　泣いたよう　　4　泣きそう

38 結婚したら法律（　　　）男女どちらの姓になってもよいが、95％が男性の姓になっている。
1　上は　　　　2　中は　　　　3　下は　　　　4　間は

39 A「社長、山本さまと（　　　）が見えましたが。」
B「こちらにお通ししてくれ。」
1　申される方が　　　　　　　　2　言っている方が
3　おっしゃる方が　　　　　　　4　呼ばれる方が

40 よく問題を読まなかったせいで、答えを（　　　）。
1　間違えてしまった　　　　　　2　間違えずにすんだ
3　間違えるはずだった　　　　　4　間違いようがなかった

41 熱が高いのに無理をして学校に（　　　）、休んだほうがいいよ。
1　行かないままなら
2　行くままなら
3　行かないくらいなら
4　行くくらいなら

42 いくら生活に困っているからと言って、まじめな彼が盗み（　　　）。
1　をするはずがない
2　をしないはずがない
3　をすることもない
4　をしないこともない

43 歌手になることを両親に反対されて大学に進学したが、夢を（　　　）いる。
1　捨てかねないで
2　捨てようかと思って
3　捨てきれないで
4　捨てたがって

44 税金を自分のために使った市長は、市民の力によって（　　　）。
1　やめられることになった
2　やめてあげることになった
3　やめさせてもらうことになった
4　やめさせられることになった

問題8　次の文の___★___に入る最もよいものを、1・2・3・4から一つ選びなさい。

[45] 新しい社員が _____ ___★___ _____ _____ 規則を教えてやらなければいけない。
　　1　会社に　　　2　入ってくる　　　3　会社の　　　4　たび

[46] この暑さに _____ ___★___ _____ _____ 倒れる人が出た。
　　1　待たされて　　　2　加えて　　　3　次々と　　　4　長い時間

[47] 目の前に熊がいたが、後ろは谷で _____ ___★___ _____ _____ なく、あわてて木に登った。
　　1　も　　　2　が　　　3　逃げように　　　4　逃げ道

[48] この作文の漢字は _____ _____ ___★___ _____ 正しい漢字で書けている。
　　1　間違い　　　2　名前　　　3　だらけで　　　4　だけが

[49] 現代は大学を出た _____ _____ ___★___ _____ 就職できない時代だ。
　　1　と　　　2　から　　　3　言っても　　　4　必ずしも

問題9　次の文章を読んで　50　から　54　の中に入る最もよいものを、1・2・3・4から一つ選びなさい。

　どの時代にも、かならず流行語　50　。
　たとえば「サボる」などということばは、もうすっかり普通になってしまったが、あれはもともと「サボタージュ(注1)」からきている。
　それから、「セコい」ということば、あれはもともとは「セコンドハンド(注2)」という外来語から出たことばである、その略語(注3)である「セコハン」を経由(注4)して、「セコハン」は、多くの場合「　51-a　古物」という意味だから、「あいつが着ているものは、どうもセコイ」というのはよっぽど古いもの、　51-b　ものを着ているという意味になった。そこから「けちんぼう」という意味が派生(注5)してきて、「お前、セコイこと言うなよ」みたいに使われるようになったのである。
　このように、ことばとしてどんどんと市民権を獲得してしまったことばもあるのである。今「サボる」「セコい」と聞いても、それが　52　だと思う人などほとんどいないかもしれない。
　いまでは、ひらがなで「さぼる」「せこい」と書くようにさえなったから、もはや日本語　53　。けれども、日本語の語彙として定着するまでにはやはり時間が必要である。さぼる、せこい、などでもおそらく出現してから五十年以上は経っているように想像される。
　したがって、まだ定着しないうちの、生な流行語のようなものはやはり、　54　のが上品な話し方だと言えるのである。

（林望『日本語は死にかかっている』NTT出版）

(注1) サボタージュ = sabotage
(注2) セコンドハンド = second hand
(注3) 略語 = 短くした語
(注4) 経由 = ある地点を通ること
(注5) 派生 = もとになるものから分かれて生まれること

50
1　といったわけがある　　　　2　というわけがある
3　といったことがある　　　　4　というものがある

51
1　a　高い　／　b　安い　　　　2　a　安いらしい　／　b　高いらしい
3　a　高いような　／　b　安いような　　　4　a　安っぽい　／　b　安っぽい

52
1　日本語　　　2　外来語　　　3　流行語　　　4　略語

53
1　として完全に忘れ去られたのだろう　　2　としてすっかり定着したのであろう
3　としてはけっして使えないだろう　　　4　とはまったく言えないだろう

54
1　できるだけ使う　　　　2　できれば使う
3　できるかぎり使わない　　4　少しは使ってみる

제9회 모의 테스트

정답 → 부록 p.62~63

목표시간 45분

問題1 ＿＿＿＿の言葉の読み方として最もよいものを、1・2・3・4から一つ選びなさい。

1 標準的な体重なのに、太っていると悩む女性が多い。
　1 すいじゅん　　2 すいしゅん　　3 ひょうじゅん　　4 ひょうしゅん

2 国会では、与党と野党の攻防が続いている。
　1 せいぼう　　2 こうぼう　　3 せいほう　　4 こうほう

3 人間ドックは医師から1対1で検査結果の詳しい説明が受けられる。
　1 とぼしい　　2 ただしい　　3 くわしい　　4 きびしい

4 大学生の学力低下の原因は入試制度の欠陥だと主張する人は多い。
　1 けっかん　　2 けってん　　3 けつぼう　　4 けつらく

5 国道沿いの立て看板にはかなりの広告効果がある。
　1 だてかんばん　　2 たてかんばん　　3 たてがんばん　　4 だてがんはん

問題2 ＿＿＿＿の言葉を漢字で書くとき、最もよいものを1・2・3・4から一つ選びなさい。

6 受験する大学を決めたものの、これで本当にいいのかと気持ちがゆらぐ。
　1 緩らぐ　　2 揺らぐ　　3 震らぐ　　4 振らぐ

7　人生はよきせぬことの連続なんだから、あまりくよくよしないほうがいいよ。
　　1　与期　　　　2　余期　　　　3　世期　　　　4　予期

8　この本は内容がこくて満足した。
　　1　濃くて　　　2　巧くて　　　3　厚くて　　　4　密くて

9　地雷(じらい)は長期にわたって無差別に人々をねらい続ける、恐ろしい兵器だ。
　　1　盗い　　　　2　襲い　　　　3　狙い　　　　4　追い

10　帰宅とちゅうにバイクに乗った男にバッグをひったくられた。
　　1　避中　　　　2　途中　　　　3　道中　　　　4　逐中

問題3　（　　　）に入れるのに最もよいものを、1・2・3・4から一つ選びなさい。

11　私の料理はだれかに習ったのではなく、まったくの自己（　　　）です。
　　1　風　　　　　2　法　　　　　3　流　　　　　4　様

12　現代人は1日に1万歩歩くだけの運動（　　　）が必要だそうだ。
　　1　料　　　　　2　量　　　　　3　力　　　　　4　性

13　おもしろい記事が地方（　　　）に載っていた。
　　1　判　　　　　2　系　　　　　3　番　　　　　4　紙

14　予想（　　　）の人物が新社長になった。
　　1　末　　　　　2　下　　　　　3　済　　　　　4　外

15　一人っ子の彼は依頼（　　　）が強い。
　　1　心　　　　　2　性　　　　　3　力　　　　　4　内

問題4 （　　　）に入れるのに最もよいものを、1・2・3・4から一つ選びなさい。

16 母は（　　　）てよく財布を持たずに買い物に行ってしまう。
　　1　そそっかしく　　2　にぶく　　3　おしく　　4　ずうずうしく

17 睡眠のリズムが（　　　）しまい、最近眠れなくなってしまった。
　　1　失って　　2　狂って　　3　送って　　4　違って

18 この場合、特殊な（　　　）なので保険金は支払われません。
　　1　レース　　2　ペース　　3　リース　　4　ケース

19 今の若者は給料が（　　　）上がりに増えたバブルの時代を知らない世代である。
　　1　盛り　　2　成り　　3　右肩　　4　仕立

20 （　　　）あなたの携帯電話を見たのではなく、私のと間違えてしまったのです。
　　1　うっかり　　2　わざと　　3　まさか　　4　ふと

21 なかなか取れない疲労は、体の（　　　）を示すことが多い。
　　1　非常　　2　異常　　3　救急　　4　休息

22 親の経済力に関係なく、能力のある生徒が大学に進学できるよう（　　　）の制度を拡大すべきだ。
　　1　奨学金　　2　保証金　　3　手付金　　4　入学金

問題5 ＿＿＿＿の言葉に意味が最も近いものを、1・2・3・4から一つ選びなさい。

[23] 彼は電話を切るとあわただしく部屋を出ていった。
　　1　さっさと　　　2　うろうろと　　　3　そうっと　　　4　ゆうゆうと

[24] 語順をさかさまにして、表現を強調する。
　　1　変更　　　　2　考慮　　　　3　逆に　　　　4　無視

[25] オリンピックの準備は、着々と進んでいる。
　　1　順調に　　　2　徐々に　　　3　急速に　　　4　意外に

[26] たかが風邪だと言って、甘く見てはいけません。
　　1　中断して　　　2　停止して　　　3　変更して　　　4　油断して

[27] 最近のテレビドラマはマンネリ化している。
　　1　評判が悪い　　　2　新鮮味がない　　　3　人気がある　　　4　いい加減だ

問題6 次の言葉の使い方として最もよいものを、1・2・3・4から一つ選びなさい。

28 推定
1 子どもを失った親の悲しみはとても推定できない。
2 病院で毎月血圧を推定しています。
3 電話の声から推定すると、犯人は若い男性だ。
4 人の秘密を推定するのはやめなさい。

29 ごぶさた
1 遅くなったので、そろそろごぶさたします。
2 病気のため、会議はごぶさたさせてもらう。
3 先日は突然お宅にごぶさたし、失礼いたしました。
4 大学を卒業以来、先生にはすっかりごぶさたしている。

30 単純
1 たとえ単純な食事でもいいから朝食は食べなさい。
2 思ったよりも単純に運転免許が取れた。
3 彼は単純な性格だから、細かいことは気にしないと思う。
4 まさか1回戦で単純に負けてしまうとはだれも思わなかった。

31 足元
1 お互いこんな足元に住んでいるとは知らなかった。
2 お酒を飲みすぎて足元がふらつき、ひとりで歩けない。
3 親の足元を離れてからもうだいぶたった。
4 買い物は足元の店で済ますことが多い。

32 超過
1 最近はうつ病患者が超過している。
2 タクシー会社は深夜の料金を超過する。
3 家を建てたのだが、最初の予算をかなり超過してしまい大変だ。
4 薬を超過するときは必ず医師に相談してください。

問題7 次の文の（　　）に入れるのに最もよいものを、1・2・3・4から一つ選びなさい。

33 ずっと昔から、この川の流れ（　　）町が発展してきた。
　1　に連れて　　　2　に沿って　　　3　に並べて　　　4　に並んで

34 村にダムを作るかどうか（　　）、住民の意見は2つにわれた。
　1　を通じて　　　2　をもとにして　　3　をまわって　　4　をめぐって

35 できない子を教えること（　　）、彼以上にうまい先生はいなかった。
　1　にかけては　　2　にかかっては　　3　にかかわっては　4　につけては

36 もし海外旅行に行ける（　　）、ぜひエジプトのピラミッドを見たいものだ。
　1　となると　　　2　としても　　　3　とすると　　　4　としたら

37 最後までだれも脱落する（　　）、全員が卒業できました。
　1　ことなく　　　2　わけなく　　　3　しかなく　　　4　ほかなく

38 結果は決まってしまった。今さらあれこれ（　　）はじまらない。
　1　言ったら　　　2　言っても　　　3　言うなら　　　4　言わなくても

39 たとえお金があっても、健康（　　）人生は楽しめない。
　1　ならでは　　　2　なかぎり　　　3　なくして　　　4　ないでは

40 いつも小社のホームページを（　　）、ありがとうございます。
　1　ごらんになられていただき　　　2　見させてくださり
　3　ごらんいただき　　　　　　　　4　見られてくださり

41 この木の実は（　　）、あまりおいしくはない。
　1　食べられたくもないが　　　　　2　食べられなくもないが
　3　食べたくもないが　　　　　　　4　食べたこともないが

42 部下が病気で休んでいる以上、私が代わりに彼の仕事を（　　　）。

1　するわけない
2　するほかない
3　しないわけない
4　しないほかない

43 A「健康のために何かしていますか。」
　　　B「そうですね、毎日散歩に（　　　）。」

1　行くようになっています
2　行ったようになっています
3　行くことにしています
4　行ったことにしています

44 東京は土地がせまいから家が（　　　）、一生まじめに働いても買えないなんておかしい。

1　高くてもかまわないが
2　高くてもしかたがないとはいえ
3　高くてはかまわないが
4　高くてはしかたがないとしても

問題8 次の文の＿＿★＿＿に入る最もよいものを、1・2・3・4から一つ選びなさい。

45 子どもがたくさんいると ＿＿＿＿ ＿★＿ ＿＿＿＿ ＿＿＿＿ 仕事をがんばる力が出る。
1 子どもがいる 2 生活が苦しくなる
3 からこそ 4 というけれど

46 世の中が ＿＿＿＿ ＿★＿ ＿＿＿＿ ＿＿＿＿ なってきた。
1 助け合いの気持ちが 2 なるにつれ
3 豊かに 4 薄く

47 この家も建てた ＿＿＿＿ ＿＿＿＿ ＿★＿ ＿＿＿＿ あちこち修理が必要になってきた。
1 とともに 2 ときは 3 とき 4 きれいだったが

48 A「今日の夕食は何かな。」
B「カレーよ。カレー ＿＿＿＿ ＿★＿ ＿＿＿＿ ＿＿＿＿ インド風のものよ。」
1 普通のカレー 2 いっても 3 じゃなくて 4 と

49 お金が足りないなら、親に ＿＿＿＿ ＿＿＿＿ ＿★＿ ＿＿＿＿ だろうね。
1 ほか 2 より 3 ない 4 借りる

問題9 次の文章を読んで 50 から 54 の中に入る最もよいものを、1・2・3・4から一つ選びなさい。

　　日本では、電車やバスなど公共交通機関でのケータイの通話を禁止している。しかし、ときどき緊急の用事で通話している人を見かける事がある。手短に(注1)すむのならよいが、長々と話をしている人を見るとついイライラしてしまう。これと似たような経験をお持ちの方も多いだろう。

　　電車やバスで聞こえてくる会話はまったく 50 のに、ケータイは不快に感じてしまう。なぜかケータイは気になって仕方がない。この疑問をアメリカの心理学者が解明し、このほど科学誌に発表した。（中略）

　　電車内でのケータイ会話について研究を行ったのは、コーネル大学の心理学者ローレン・エンバーソン博士のチームだ。研究チームは対面会話とケータイを比較し、周りの人が受ける影響について実験を行った。

　　それによると、周りの人は聞こえてくる会話の内容が把握(注2)できないと、ストレスを感じるという。対面会話であれば、話の流れがなんとなくでも 51-a 、不必要な情報であれば 51-b ことができる。一方、ケータイの場合は電話の向こうの声が聞き取れないため、話の流れが見えず、内容が気になって無視できなくなってしまうというのだ。「人間は簡単に想像のつくものに対して、無視することができる。しかし次に何が起こるか 52 に対しては、常に注意を払ってしまう。ケータイは話が 53 聞こえるために、無意識に話の全体像をつかもうと脳は緊張した状態を持続することになる」と、ローレン博士は説明している。

　　つまりケータイは、話している声だけでなく、その内容も周りのイライラの原因になっているようだ。公共交通機関でのケータイ使用は 54 。

ロケットニュース24（http://rocketnews24.com/）2010年9月20日付

（注1）手短に＝簡単に
（注2）把握＝理解すること

50

1 　気にならない　　2 　気がつかない　　3 　気にする　　　4 　気にいらない

51

1 　a　無視でき　／　b　無視する
2 　a　理解でき　／　b　無視する
3 　a　理解でき　／　b　理解する
4 　a　無視でき　／　b　理解する

52

1 　想像できるもの　　　　　　2 　理解できるもの
3 　無視できるもの　　　　　　4 　わからないもの

53

1 　全部　　　　2 　全然　　　　3 　半分だけ　　　4 　半分しか

54

1 　控えてはならない　　　　　2 　控えるものではない
3 　控えるべきだろう　　　　　4 　控えるわけだろう

제10회 모의 테스트

정답 → 부록 p.64

問題1 _____の言葉の読み方として最もよいものを、1・2・3・4から一つ選びなさい。

① 発売日より１日早く、新商品が<u>入荷</u>した。
　1　にゅうに　　2　にゅうか　　3　にゅうこ　　4　にゅうひん

② 我が社は採用の際、コミュニケーション能力の<u>有無</u>を重視します。
　1　ありむ　　2　ゆうぶ　　3　うむ　　4　うぶ

③ ダブルのスーツはお年寄りには<u>懐かしく</u>、若者の目には新鮮にうつるようだ。
　1　なつかしく　　2　はずかしく　　3　ちかしく　　4　ふるめかしく

④ 就職が決まらず落ち込む友人をどう<u>慰めて</u>よいのか、言葉が見つからない。
　1　なだめて　　2　いましめて　　3　おさめて　　4　なぐさめて

⑤ 父親が亡くなり、家や土地などの財産を<u>相続</u>した。
　1　しょうぞく　　2　そうぞく　　3　しょうそく　　4　そうそく

問題2 _____の言葉を漢字で書くとき、最もよいものを1・2・3・4から一つ選びなさい。

⑥ あの２人の作家の作品は<u>たいしょう</u>的である。
　1　対象　　2　対称　　3　対照　　4　対症

7 彼女は日本のテレビドラマで、楽しく言葉をおぼえている。
　1　覚えて　　　　2　学えて　　　　3　賞えて　　　　4　覚えて

8 この数学の問題のかいとうがわからないので、教えてください。
　1　会答　　　　　2　快答　　　　　3　解答　　　　　4　改答

9 父の誕生日に家族全員が久しぶりに集まって、ビールでかんぱいした。
　1　乾杯　　　　　2　観杯　　　　　3　幹杯　　　　　4　換杯

10 時代の流れにはさからえず、公衆電話の数が減っている。
　1　反らえず　　　2　敵らえず　　　3　抗らえず　　　4　逆らえず

問題3　（　　）に入れるのに最もよいものを、1・2・3・4から一つ選びなさい。

11 社長の（　　）時代的な考え方をなんとかしてほしい。
　1　古　　　　　　2　同　　　　　　3　先　　　　　　4　前

12 人は税金を払うときは文句を言うが、その使い道には（　　）関心だ。
　1　未　　　　　　2　非　　　　　　3　無　　　　　　4　不

13 厳しすぎるしつけが（　　）効果となってしまった。
　1　逆　　　　　　2　反　　　　　　3　非　　　　　　4　悪

14 保護者たちは交代（　　）で、通学路をパトロールしている。
　1　制　　　　　　2　型　　　　　　3　系　　　　　　4　形

15 スケジュールは相手（　　）の都合で決めます。
　1　向　　　　　　2　側　　　　　　3　型　　　　　　4　様

問題4 （　　）に入れるのに最もよいものを、1・2・3・4から一つ選びなさい。

16　自転車は地球にやさしい（　　）手段として期待されている。
　　1　異動　　　　2　進行　　　　3　運用　　　　4　移動

17　イベントは期待通りの成功を（　　）。
　　1　詰めた　　　2　収めた　　　3　治めた　　　4　努めた

18　パーティーの料理が出されると、（　　）皿が空になってしまった。
　　1　あちこち　　2　しばしば　　3　のろのろ　　4　たちまち

19　40代の女性を（　　）にしたファッション誌が発売される。
　　1　リーダー　　2　ターゲット　3　プログラム　4　サービス

20　スーパー間の激しい（　　）競争は買う側にとってはありがたいことだ。
　　1　価格　　　　2　値札　　　　3　過剰　　　　4　強化

21　子どもは大人が思う以上に、はるかに想像力に（　　）いる。
　　1　恵まれて　　2　揺れて　　　3　触れて　　　4　与えられて

22　世界各地の神話は互いに（　　）するテーマが多い。
　　1　交流　　　　2　共通　　　　3　合流　　　　4　共同

問題5 ＿＿＿の言葉に意味が最も近いものを、1・2・3・4から一つ選びなさい。

23 ネットで最新のトピックを検索する。
　　1　課題　　　　　2　問題　　　　　3　例題　　　　　4　話題

24 花火大会当日、あいにく雨が降り出してきた。
　　1　激しく　　　　2　急に　　　　　3　運悪く　　　　4　予想通り

25 口のうまいあの男に担がれた。
　　1　だまされた　　2　断られた　　　3　誘われた　　　4　馬鹿にされた

26 あの人、ああ見えても根はまじめなんですよ。
　　1　仕事ぶり　　　2　普段　　　　　3　学習態度　　　4　性質

27 結構なものをいただき、ありがとうございます。
　　1　めずらしい　　2　すばらしい　　3　おいしい　　　4　なつかしい

問題6　次の言葉の使い方として最もよいものを、1・2・3・4から一つ選びなさい。

28　調整
1　みなの都合を聞いて次の会議の日程を調整する。
2　都会の農地のほとんどが、住宅地に調整されてしまった。
3　部屋の冷房の強弱は自由に調整できます。
4　荒れた土地を調整して、野菜畑にした。

29　すきずき
1　何もこんな大変な仕事すきずきですることない。
2　だれがいちばん美人かだって？　それはすきずきだよ。
3　娘は食べ物のすきずきが多くて困っています。
4　この洋服のデザインは私のすきずきに合わない。

30　透明
1　何かわからないが透明な不安を感じる。
2　あの人は政治的には透明なので、意見を聞いてみよう。
3　歌手の透明な歌声がコンサート会場に響き渡った。
4　嫌な仕事が片付いて気持ちが透明になった。

31　見当
1　明日の雨が降る見当は50パーセントです。
2　優勝候補が相手では勝てる見当はない。
3　彼女のトランプ占いの見当は気味が悪いほどよく当たる。
4　断りの理由は言わないが、彼の表情で大体の見当がついた。

32　申請
1　両親に借金を申請してみようと思う。
2　海外旅行に行くのでパスポートを申請した。
3　恋人に思い切って結婚を申請した。
4　飛行機を予約するときはいつも窓際の席を申請する。

問題7 次の文の（　　　）に入れるのに最もよいものを、1・2・3・4から一つ選びなさい。

33 夏の日照不足（　　　）秋の長雨で、米の不作が心配されます。
1　に増し　　　　2　に反し　　　　3　にかけ　　　　4　に加え

34 まず政治家（　　　）、自分のおこないを正すべきだ。
1　すら　　　　2　ほど　　　　3　こそ　　　　4　さえ

35 車でお迎えに行きますから、駅に（　　　）お電話をください。
1　着く際　　　　2　着き次第　　　　3　着く途中　　　　4　着いたとたん

36 先生は私が発音を（　　　）、何度も繰り返させる。
1　間違えるたびに　　　　　　　　2　間違えるにつけ
3　間違えるかたわら　　　　　　　4　間違えながら

37 出発に（　　　）、あらかじめホテルを予約しておいた。
1　前もって　　　　2　関して　　　　3　先立って　　　　4　先がけて

38 （会社で）
A「近くに打ち合わせをするためのいい場所を知らないか。」
B「会社の裏のレストランなら、落ち着いて（　　　）と思います。」
1　お話しになれる　　　　　　　　2　話してくださる
3　話していただく　　　　　　　　4　お話しになさる

39 サッカーの日本チームが負けたので、くやしくて（　　　）。
1　たえられない　　2　なれない　　3　しょうがない　　4　しょうもない

40 3日でこれだけの仕事をするなんて（　　　）と思ったが、がんばってやり終えた。
1　できないはずがない　　　　　　2　できるはずがない
3　できないかもしれない　　　　　4　できるかもしれない

41 夫は医者から、「あまりたまごを（　　　）」と注意されたそうだ。
 1　食べないようにしたほうがいい　　2　食べないようにしたい
 3　食べるようにしたほうがいい　　4　食べるようにしたい

42 相手から（　　　）、電話番号を教えないことにしている。
 1　聞かれたかぎりでは　　2　聞かれたかぎり
 3　聞かれないかぎりでは　　4　聞かれないかぎり

43 林があったところにマンションが建った。少しずつ街から緑が（　　　）。
 1　消えつつある　　2　消えつついる　　3　消しつつある　　4　消しつついる

44 病気の子どもたちを（　　　）、病院で楽しい劇が行われた。
 1　笑われようと　　2　笑われようとして
 3　笑わされようと　　4　笑わせようとして

問題 8 次の文の＿＿★＿＿に入る最もよいものを、1・2・3・4から一つ選びなさい。

45 たとえ ＿＿＿＿ ＿＿＿＿ ＿★＿ ＿＿＿＿、私は彼女と結婚するつもりだ。
  1 された 2 どんなに 3 反対 4 ところで

46 成績が悪いのが ＿＿＿＿ ＿★＿ ＿＿＿＿ ＿＿＿＿ もっと勉強すればよいのに。
  1 なら 2 泣く 3 くやしくて 4 くらい

47 ラジオの ＿＿＿＿ ＿＿＿＿ ＿★＿ ＿＿＿＿ はじめて知った。
  1 ニュースを 2 大きさを 3 通じて 4 地震の被害の

48 だれに聞いても ＿＿＿＿ ＿＿＿＿ ＿★＿ ＿＿＿＿、私1人でやるしかない。
  1 と 2 手伝える 3 なると 4 人がいない

49 目の前にごちそうを出されたら、いくら ＿＿＿＿ ＿＿＿＿ ＿★＿ ＿＿＿＿ いられない。
  1 でも 2 では 3 食べない 4 ダイエット中

問題9 次の文章を読んで 50 から 54 の中に入る最もよいものを、1・2・3・4から一つ選びなさい。

　花を愛する人は 50 。そのため、たくさんの客に来てほしい観光地では、花を植えてお客を呼ぼうとするところが増えました。

　しかし花にとって、本当に来てほしいのは人間ではなく、自分の花粉を運んで実を結ばせてくれる虫や鳥たちです。来てほしい生物は花 51 違い、花は色や形や匂いで自分の花粉を運ぶ生物を呼び寄せます。

　夜に咲く花に白が多いのも、冬に咲く花に黄色が多いのも、夜や冬に飛ぶ虫がその色を好むからです。

　赤が見えない虫と違って、鳥は赤い色が 52 。鳥を誘おうとする花には、赤い色が多いと言われています。

　「ハナバチ」は名前のとおり、花をまわり、花粉やミツを集め、幼虫に与えるハチです。ハナバチだけに来てほしい花は、深い筒型の形のものが多いそうです。ちょうどハナバチの重さと大きさで開く、 53 「自動ドア」があり、その奥にミツがあるというわけです。

　匂いも大事です。花は大体よい香りがしますが、中にはくさった肉のような匂いの花もあります。世界最大の花のラフレシアもそうです。そして、このラフレシアが誘っているのはハエなのです。ハエは 54 を好むからです。

　こういう花の工夫を見ると、「いったい花の脳みそはどこにあるんだろう」とふしぎな気がしませんか。

50
1　多くはありません　　　　2　少なくありません
3　少ししかいません　　　　4　めったにいません

51
1　によって　　2　にとって　　3　について　　4　にあたって

52
1　見ます　　2　見えません　　3　見えます　　4　見られません

53
1　たとえ　　2　いわば　　3　いわゆる　　4　なぜならば

54
1　ラフレシア　　2　大きい花　　3　よい香り　　4　いやな匂い

제11회 모의 테스트

정답 → 부록 p.65

目標時間 45분

問題1 ＿＿＿の言葉の読み方として最もよいものを、1・2・3・4から一つ選びなさい。

1 夜型の生活をしているうちに睡眠障害になってしまった。
 1 しょうかい　　2 じょうがい　　3 しょうがい　　4 じょうかい

2 地球に降る太陽光の1時間のエネルギー量は、人類が1年間に使う量に相当する。
 1 そうとう　　2 しょうとう　　3 あいとう　　4 そうおう

3 少子化が進み、親が先回りして子どもを助ける傾向が強い。
 1 けいこう　　2 かたこう　　3 けいむき　　4 かたむき

4 私は自分の長所を磨き続ければ必ず成功すると信じている。
 1 たたき　　2 かがやき　　3 いき　　4 みがき

5 人間は困ったことが起きたときのほうが、持っている力を発揮できる。
 1 はっこう　　2 はっき　　3 ほっこう　　4 ほっき

問題2 ＿＿＿の言葉を漢字で書くとき、最もよいものを1・2・3・4から一つ選びなさい。

6 世界の30カ国近くの国が、国際ごうとう団の被害を受けている。
 1 監獄　　2 強罰　　3 強盗　　4 獄盗

[7] しょうとつ直前で自動的にブレーキがかかって停止する車が開発された。
　1　衝突　　　　　2　障突　　　　　3　衡突　　　　　4　将突

[8] 彼女は好きな相手につくすタイプだ。
　1　注くす　　　　2　就くす　　　　3　尽くす　　　　4　着くす

[9] 相手の国の文化にけいいを払うことは、国際協力上大切なことだ。
　1　仰意　　　　　2　掲意　　　　　3　傾意　　　　　4　敬意

[10] 大学卒業後数年は新卒として就職活動をできるよう、システムをあらためるべきだ。
　1　改める　　　　2　政める　　　　3　敢める　　　　4　変める

問題3 （　　）に入れるのに最もよいものを、1・2・3・4から一つ選びなさい。

[11] あの新人選手がいちばん注目（　　）が高い。
　1　感　　　　　　2　性　　　　　　3　料　　　　　　4　度

[12] 携帯電話はこの10年間で驚くほど（　　）性能になっている。
　1　高　　　　　　2　最　　　　　　3　名　　　　　　4　長

[13] これはまだ計画（　　）に過ぎません。
　1　済　　　　　　2　下　　　　　　3　案　　　　　　4　的

[14] 明日はグループから離れて（　　）行動をとる。
　1　代　　　　　　2　異　　　　　　3　単　　　　　　4　別

[15] 台所に消火（　　）がなかったら、火事になってしまっただろう。
　1　機　　　　　　2　器　　　　　　3　技　　　　　　4　基

問題4 （　　　）に入れるのに最もよいものを、1・2・3・4から一つ選びなさい。

16　約50メートル（　　　）の信号を左に曲がると、海が見えてくる。
　　1　正面　　　　　2　後者　　　　　3　前方　　　　　4　先頭

17　このパーティーでは、男性の（　　　）な服装はタキシードです。
　　1　正式　　　　　2　正確　　　　　3　正道　　　　　4　正規

18　あの教授は質問に（　　　）な答え方をするので、嫌われている。
　　1　適切　　　　　2　残念　　　　　3　器用　　　　　4　皮肉

19　（手紙で）寒くなりましたので（　　　）お体にお気をつけください。
　　1　たびたび　　　2　どうにか　　　3　かなり　　　　4　くれぐれも

20　景気がなかなか回復せず、国民は内閣に（　　　）している。
　　1　失業　　　　　2　失望　　　　　3　失脚　　　　　4　失礼

21　母は信頼できる医師に（　　　）会えて運がよかった。
　　1　立ち　　　　　2　兼ね　　　　　3　巡り　　　　　4　触れ

22　どうもこの問題は思ったほど（　　　）ではなさそうで、解決に時間がかかるかもしれない。
　　1　ハード　　　　2　ワイド　　　　3　ユニーク　　　4　シンプル

問題5 ＿＿＿＿の言葉に意味が最も近いものを、1・2・3・4から一つ選びなさい。

23 田中さんはこのごろ、一段ときれいになった。
　　1　急に　　　　　2　少しだけ　　　　3　ますます　　　　4　まあまあ

24 彼はこのところ営業成績がふるわない。
　　1　上がった　　　2　落ちた　　　　　3　順調だ　　　　　4　不調だ

25 彼は普通のものさしでは語れない人物だ。
　　1　表現　　　　　2　基準　　　　　　3　常識　　　　　　4　方法

26 人のものを勝手に使うとはあつかましいやつだ。
　　1　のんきな　　　2　気楽な　　　　　3　無愛想な　　　　4　無遠慮な

27 音楽番組のスポンサーが決まった。
　　1　広告主　　　　2　協力者　　　　　3　指導者　　　　　4　責任者

問題6　次の言葉の使い方として最もよいものを、1・2・3・4から一つ選びなさい。

[28]　合流
1　出版社と合流して、テレビドラマを製作する。
2　あの2人はひそかに合流しあっている。
3　先生たちと6時に駅で合流して、そこから食事に行こう。
4　クラス全員が合流して、野外学習に出かけた。

[29]　でたらめ
1　この週刊誌の記事は、ほとんどでたらめばかりだ。
2　でたらめを使って、授業をさぼった。
3　彼女がそんなにでたらめだとは気づかずに、だまされてしまった。
4　ずっと掃除していなかったので、部屋がでたらめだ。

[30]　肯定的
1　大学を新設する計画はどうやら肯定的に結論された。
2　上司はその企画に対し、肯定的な意見を持っている。
3　これだけ元気になれば外出も肯定的でしょうね。
4　その件は肯定的にお受けいたします。

[31]　要旨
1　大統領の演説は要旨をおさえている。
2　この町は交通上の要旨として発達した。
3　論文には、その要旨を書いたものを付けてください。
4　今回の事件にはいろいろな要旨が関係している。

[32]　指定
1　この事件の犯人を指定するのは難しい。
2　就職はその人の人生を指定するともいえる。
3　代表者は投票によって指定しようではないか。
4　パーティーの参加者は指定された服装で来てください。

問題7 次の文の（　　）に入れるのに最もよいものを、1・2・3・4から一つ選びなさい。

33 ドイツではビールは夏（　　）、冬にもよく飲まれている。
1　よらず　　　　2　はおろか　　　　3　どころか　　　　4　にかぎらず

34 まだ、免許を取ったばかりの（　　）、運転に自信がありません。
1　もので　　　　2　ものの　　　　3　ものか　　　　4　ものなら

35 その状況で助かるなんて不可能に思えますが、（　　）ことです。
1　ありようがない　2　ありがたい　　3　ありかねる　　4　あり得なくない

36 市長を（　　）とする職員全員が、災害に備え訓練に取り組んだ。
1　最初　　　　2　開始　　　　3　初めて　　　　4　はじめ

37 息子は20年前にアメリカに（　　）きり、一度も帰国していない。
1　行って　　　　2　行った　　　　3　行く　　　　4　行こう

38 「いただきます」と言ったか（　　）のうちに、子どもたちは食べ始めた。
1　言おうか　　　2　言うまいか　　　3　言えないか　　　4　言わないか

39 日本国内（　　）果物の消費量は、最近減少している。
1　にあたる　　　2　による　　　　3　における　　　　4　にいたる

40 1回薬を飲み忘れたからといって、（　　）死ぬわけではないんだから、そんなに心配しなくていいよ。
1　なにも　　　　2　いつも　　　　3　なんでも　　　　4　どこも

41 すぐに返してくれるなら、お金を貸して（　　）。
1　あげるはずがない　　　　　　2　あげることがない
3　あげないはずがない　　　　　4　あげないこともない

42 私が子どものころ、国内旅行より海外旅行のほうが安くなるなんて（　　　）。
1　だれもが想像しただろう
2　だれが想像しただろう
3　だれでも想像できただろう
4　だれも想像できただろう

43 決まりを守っている人がほとんど（　　　）、あなたも守らなくていいわけでない。
1　いないからこそ
2　いなくもないからこそ
3　いないからといって
4　いないことはないから

44 当社の面接を受ける方は、10日の10時までに本社ビルに（　　　）。
1　おこしください
2　おまいりください
3　こされてください
4　うかがってください

問題8　次の文の＿＿★＿＿に入る最もよいものを、1・2・3・4から一つ選びなさい。

[45] この薬はよく＿＿＿＿＿　＿＿＿＿＿　＿★＿＿　＿＿＿＿＿を起こすので、注意が必要だ。

1　効くが　　　2　人に　　　3　アレルギー　　　4　よっては

[46] 過去10年間のデータ＿＿＿＿＿　＿＿＿＿＿　＿★＿＿　＿＿＿＿＿、これからも子どもは減り続けるだろう。

1　予想した　　　2　基づいて　　　3　結果　　　4　に

[47] 宿題を忘れないように何度＿＿＿＿＿　＿★＿＿　＿＿＿＿＿　＿＿＿＿＿しまった。

1　また忘れて　　　2　ことか　　　3　注意された　　　4　わからないのに

[48] あのときは＿＿＿＿＿　＿★＿＿　＿＿＿＿＿　＿＿＿＿＿してしまったと後悔している。

1　あわてて　　　2　にせよ　　　3　ばかなことを　　　4　いた

[49] 年齢から＿＿＿＿＿　＿＿＿＿＿　＿★＿＿　＿＿＿＿＿はずなのに、弟のほうがしっかりしている。

1　しっかりしていても　　　　　2　兄のほうが
3　よい　　　　　　　　　　　　4　いえば

問題9 次の文章を読んで 50 から 54 の中に入る最もよいものを、1・2・3・4から一つ選びなさい。

　ほんの数十年前は、たばこを吸うことは大人の男性にとって、悪いこと 50 当然のことと思われていた。新幹線も禁煙車両は1両だけだった。1980年、たばこの煙が嫌いな人が集まって当時の国鉄（今のJR）と国を相手に、「他人のたばこの煙を吸わない権利」を求める裁判を起こした。

　裁判は7年もかかったあげく、結局 51 。判決理由は「列車の中で隣の人のたばこの煙を吸わされるのは一時的なこと。たばこを吸うのは日本社会では普通のこと」ということだった。

　しかし、訴えた人々は、 52 がっかりも怒りもしなかった。なぜならば「私もたばこはいやだ」と言い出す人が増えて、国鉄もその声を無視することができなくなり、すでに新幹線の車両の7割が禁煙になっていた。事実上は勝ったと言えるからだ。

　その後、たばこを吸っている本人よりも、隣でその煙を吸ってしまう人のほうが煙の 53 ことがわかって、いっそう分煙対策（注）が進んだ。

　2003年には「健康増進法」という法律もできて、病院や学校など公共の場はほとんどが禁煙になった。歩きたばこを禁止する町も出てきた。

　今やたばこを吸う人の肩身はますます狭くなり、限られた場所でこっそり吸うしかなくなった。そして2010年にはたばこが大幅に値上げされた。近い将来には1箱1000円になるとも言われている。そうなると 54 得ない人もさらに増えるだろう。

（注）分煙＝たばこを吸う場所や人を分けること

50
1 以上に   2 というより   3 とすれば   4 にかけては

51
1 訴えは認められた   2 訴えは認められなかった
3 訴えを認めがたかった   4 訴えを認めかねた

52
1 負けただけあって   2 負けたからといって
3 負けたとしたら   4 負けたとしても

53
1 害はない   2 害が少ない   3 害が大きい   4 害が変わらない

54
1 禁煙し   2 たばこを吸わざるを
3 たばこを吸い   4 禁煙せざるを

제12회
모의 테스트

정답 → 부록p.66

問題1 _____の言葉の読み方として最もよいものを、1・2・3・4から一つ選びなさい。

1 現地の人々が技術を身につけ、仕事に就けるような援助が必要だ。
　1　とける　　　　2　かける　　　　3　つける　　　　4　あける

2 運動不足であると、汗をかいて体温を調節する機能が弱くなってしまう。
　1　ちょうせつ　　2　ちゅうせつ　　3　ちょうせち　　4　ちゅうせち

3 朝、起床するのがつらい人は、午前中、太陽光線を浴びるとよい。
　1　きじょう　　　2　きしょう　　　3　ぎじょう　　　4　きっしょう

4 佐藤さんは、オンラインゲームに熱中している。
　1　ねつちゅう　　2　ねつじゅう　　3　ねっちゅう　　4　ねっじゅう

5 バスや電車でお年寄りに席を譲らない若者が多い。
　1　うつらない　　2　ゆずらない　　3　まわらない　　4　さがらない

問題2 _____の言葉を漢字で書くとき、最もよいものを1・2・3・4から一つ選びなさい。

6 飲み水や食事に使用されているかがく物質の安全性に不安のある人が多い。
　1　科画　　　　　2　科学　　　　　3　化画　　　　　4　化学

[7] このチラシのゆうこう期間は、本日より1週間とさせていただきます。
1 有効　　　2 優効　　　3 有抗　　　4 結抗

[8] この暑さで祖父は体力をすっかりしょうもうしてしまった。
1 消耗　　　2 失耗　　　3 減耗　　　4 省耗

[9] 日本は国土の約70パーセントを森林がしめている緑豊かな国の1つである。
1 示めて　　2 占めて　　3 閉めて　　4 締めて

[10] 長くてようりょうを得ない話は、聞くほうも疲れてしまう。
1 用項　　　2 要項　　　3 用領　　　4 要領

問題3 （　　）に入れるのに最もよいものを、1・2・3・4から一つ選びなさい。

[11] 日本の（　　）人口はますます減少していく。
1 本　　　　2 総　　　　3 来　　　　4 各

[12] 新しい土地で（　　）出発することにした。
1 始　　　　2 前　　　　3 再　　　　4 予

[13] 来月から勤務（　　）が変わります。
1 先　　　　2 場　　　　3 事　　　　4 業

[14] この番組は現場からの（　　）放送だ。
1 直　　　　2 生　　　　3 現　　　　4 未

[15] バンドのメンバーを集めるのは（　　）苦労だった。
1 大　　　　2 多　　　　3 一　　　　4 重

問題4 （　　）に入れるのに最もよいものを、1・2・3・4から一つ選びなさい。

16　それは（　　）反抗期というもので、子どもがきちんと成長しているということです。
　1　わりに　　　2　いわゆる　　　3　あらゆる　　　4　やたらに

17　歯はよく（　　）刺激しないと丈夫にならない。
　1　研いで　　　2　砕いて　　　3　噛んで　　　4　畳んで

18　最近、（　　）離れが進んで、新聞の売り上げも落ちた。
　1　書籍　　　2　活字　　　3　報道　　　4　印刷

19　アニメ（　　）の影響で声優は人気の職業となった。
　1　メディア　　　2　ベース　　　3　ブーム　　　4　ペース

20　明日のことはわからない。明日の（　　）はないということはすべての人にあてはまる。
　1　担当　　　2　保証　　　3　承知　　　4　責任

21　試験は英語で行われたので、日本人学生には（　　）だった。
　1　不利　　　2　不正　　　3　不可　　　4　不平

22　日本の農業に（　　）を感じる若者が増えてきた。
　1　意思　　　2　利益　　　3　純粋　　　4　魅力

問題5 ＿＿＿の言葉に意味が最も近いものを、1・2・3・4から一つ選びなさい。

23 とうとう店をたたむことにした。
　　1　始める　　　　2　休む　　　　　3　直す　　　　　4　閉じる

24 決勝レースのスタートが告げられると、場内はしいんとなった。
　　1　華やかに　　　2　明るく　　　　3　静かに　　　　4　騒がしく

25 古い民家を改造して喫茶店にする。
　　1　作り直して　　2　取り消して　　3　利用して　　　4　掃除して

26 お金にはなぜか縁がない。
　　1　興味　　　　　2　関係　　　　　3　運　　　　　　4　苦労

27 彼のストレートな発言に、みな驚いた。
　　1　常識のない　　2　期待はずれの　3　遠慮ない　　　4　突然の

問題6　次の言葉の使い方として最もよいものを、1・2・3・4から一つ選びなさい。

[28] 恐縮
1　上司と一緒に外出すると緊張で恐縮してしまう。
2　泊めていただいた上にごちそうにまでなって、恐縮です。
3　みなで恐縮して卒業記念の写真をとってもらった。
4　大勢の人の前で話すなんて、まったく恐縮してしまった。

[29] 心当たり
1　娘が帰ってこないので、心当たりに次々と電話した。
2　あんないい奥さんをもらうなんて、彼は女性の心当たりがある。
3　私の本当の気持ちを、親友に心当たりに打ち明けた。
4　君はふだんからの心当たりがなっていない。

[30] さわやか
1　今日は寒いので、さわやかな食べ物がいい。
2　受付の女性はさわやかな笑顔で応対している。
3　5月の空に鳥がさわやかに飛んでいる。
4　彼女は細くてさわやかな字を書く。

[31] 焦点
1　この企画は先輩が焦点となって進められる。
2　2人の話し合いは焦点がずれていて、結論が出ない。
3　今年の入社試験は面接が焦点です。
4　よくわかるように焦点してください。

[32] 考慮
1　くれぐれも、みなさま方の考慮ある行動をお願い致します。
2　あの社員にはしっかりした考慮があるので仕事をまかせられる。
3　参加者の年齢や体力を考慮して、旅行プランを立てた。
4　どうも今回の事件にはあの人物が考慮しているようだ。

問題7　次の文の（　　）に入れるのに最もよいものを、1・2・3・4から一つ選びなさい。

33　この子犬は、きのう生まれた（　　）で、まだ目が開いていない。
　1　とたん　　　2　まま　　　　3　あと　　　　4　ばかり

34　交通事情（　　）、旅行は1週間延期します。
　1　により　　　2　につき　　　3　にとり　　　4　に関し

35　晩ごはんを作る（　　）に、明日の朝ごはんも作っておこう。
　1　途中　　　　2　ついで　　　3　かたわら　　4　最中

36　電車が駅に着いたので、読み（　　）の本を閉じてバッグにしまった。
　1　かけ　　　　2　つつ　　　　3　ながら　　　4　がち

37　たばこの購入（　　）は、年齢を証明するものが必要になりました。
　1　にかけて　　2　に応じて　　3　にかかわって　4　に際して

38　自分の国の言葉をよく理解する（　　）、外国語を学ぶのはよいことだ。
　1　以上　　　　2　ためで　　　3　うえでも　　4　ことには

39　お客さんがげんかんを（　　）いなや、電気を消すなんて失礼なことです。
　1　出るか　　　2　出ないか　　3　出るや　　　4　出たが

40　きのうお借りした資料、お返しします。休んだときの分を（　　）。
　1　写していただきました　　　　2　写させていただきました
　3　写させてあげました　　　　　4　写していただけました

41　もう7時です。女性のみなさんは暗く（　　）、早く帰ってください。
　1　ならないうちに　　　　　　　2　なるあいだに
　3　なりそうなうちに　　　　　　4　ならないあいだに

42 午後から会議を開きます。昼食を（　　　）すぐ会議室に来てください。
1　食べ終えるなら　2　食べ終えたら　3　食べ終えると　4　食べ終えれば

43 私のピアノの先生はきびしくて、一カ所でも（　　　）練習をすぐストップさせた。
1　間違えるからには　　　　　　2　間違えたからには
3　間違えるものなら　　　　　　4　間違えようものなら

44 さすがにこのバッグは高かった（　　　）、10年使ってもまったく形がくずれない。
1　にもかかわらず　　　　　　　2　というしかなくて
3　だけのことはあって　　　　　4　ばかりではなくて

問題8 次の文の＿＿★＿＿に入る最もよいものを、1・2・3・4から一つ選びなさい。

45　1回試験に失敗した＿＿＿＿　＿★＿＿　＿＿＿＿　＿＿＿＿ないですよ。
　1　いって　　　　2　ことは　　　　3　からと　　　　4　あきらめる

46　砂漠の動物たちは＿＿＿＿　＿＿＿＿　＿★＿＿　＿＿＿＿必死に生きている。
　1　もとで　　　　2　水がないという　3　条件の　　　　4　きびしい

47　アメリカの大学に行くのに、＿＿＿＿　＿★＿＿　＿＿＿＿　＿＿＿＿いけるのだろうか。
　1　ついて　　　　2　お金の問題は　　3　英語の授業に　　4　ともかくとして

48　入院中の＿＿＿＿　＿★＿＿　＿＿＿＿　＿＿＿＿にあたることになった。
　1　かわって　　　2　副社長が　　　　3　会社経営　　　　4　社長に

49　A「これが社会の常識というものだ。」
　　B「10年前の常識が＿＿＿＿　＿＿＿＿　＿★＿＿　＿＿＿＿ないよ。」
　1　少なくは　　　2　ものだって　　　3　非常識に　　　　4　なってしまった

問題9　次の文章を読んで　50　から　54　の中に入る最もよいものを、1・2・3・4から一つ選びなさい。

　それまでおだやかだった人が、ちょっとしたことを　50　はげしく怒り出すことがあります。まるでその人の血管が突然切れたように見えることから、カタカナで「キレる」と言うようになりました。

　だまって教室を出ようとした生徒を先生が注意したところ、突然その中学生がナイフを取り出して、先生を刺し殺す事件がありました。その事件以来「キレる若者」が社会の問題になりました。

　ところが2000年から10代の若者がキレて起こす事件数は大きく増えていないのに、50代、60代の人がキレる事件が非常に多くなりました。

　たとえば「ちょっと電車が遅れたり、眠っているお客を起こしたりしたとき、怒ってキレるのは中高年の男性です」と証言（しょうげん）する駅員もいます。

　特に、客にはあまり　51　サービス業の人たち、役所の公務員などを相手に、つまらないことで何時間も大声で怒るような人が増えました。

　本来ならキレる若者を注意　52　大人が、なぜキレるのでしょうか。

　昔の老人は、長い人生で得た知識や経験を尊敬されました。現代は次々と新しい機械や技術ができて、ついていけない中高年も少なくありません。以前なら技術を教えて　53-a　若者から、教えて　53-b　ならなくなりました。これはつらいことでしょう。

　また会社を辞めてから、地域に話し相手もいない男性が多いのです。心の中にこういう不満やさびしさをかかえることが、中高年がキレる原因かもしれません。

　人生経験のゆたかな大人　54　、おだやかな人ばかりではないのです。

50
1 チャンスに 2 きっかけに 3 ついでに 4 はじめに

51
1 文句を言うべき 2 文句を言うような
3 文句を言えない 4 文句を言わせない

52
1 するべき 2 していく 3 しがちな 4 しかねない

53
1 a くれた ／ b あげなければ 2 a もらった ／ b くれなければ
3 a もらった ／ b あげなければ 4 a やった ／ b もらわなければ

54
1 としては 2 だからといって 3 だからこそ 4 とはいえ

제13회
모의 테스트

정답 → 부록 p.67~68

목표시간 **45**분

問題1 ＿＿＿の言葉の読み方として最もよいものを、1・2・3・4から一つ選びなさい。

① 太平洋高気圧に覆われて晴れる日が多く、各地で激しい暑さが続いている。
　1　おおわれて　　2　ねらわれて　　3　みまわれて　　4　ためらわれて

② 彼は運動神経が抜群にいい。
　1　ばつくん　　2　ばっくん　　3　ばつぐん　　4　ばっぐん

③ 博物館の鯨（くじら）の標本を見上げて、その大きさを実感した。
　1　びょうほん　　2　ひょうぽん　　3　ひょうほん　　4　びょうぽん

④ 古いパソコンなので、動作が鈍い。
　1　とろい　　2　はやい　　3　わるい　　4　にぶい

⑤ 彼女は子どものころから、医者となって世の中に貢献したいと考えていた。
　1　みつけん　　2　こうけん　　3　みつこん　　4　こうこん

問題2 ＿＿＿の言葉を漢字で書くとき、最もよいものを1・2・3・4から一つ選びなさい。

⑥ 自分をかだい評価している人は、ちょっとした失敗にも落ち込みやすい。
　1　仮大　　2　加大　　3　過大　　4　課大

[7] 世界記録をなんと0.5秒もちぢめる好タイムで優勝した。
1　縮める　　　2　減める　　　3　損める　　　4　短める

[8] 社長のさいしゅう決定は絶対に変わらない。
1　再終　　　2　最終　　　3　再修　　　4　最修

[9] 彼女は家事や育児を夫とぶんたんし、共働きを続けている。
1　分拍　　　2　分拒　　　3　分抽　　　4　分担

[10] 税金ををおさめるのは国民の義務だ。
1　主める　　　2　納める　　　3　押める　　　4　得める

問題3　（　　）に入れるのに最もよいものを、1・2・3・4から一つ選びなさい。

[11] このホールは（　　）目的に使用できる。
1　多　　　2　数　　　3　複　　　4　高

[12] ハワイ出身の私が、雪を見た（　　）体験は日本の北海道だった。
1　本　　　2　現　　　3　初　　　4　新

[13] 新しい駅ビルの完成は年度（　　）の予定です。
1　次　　　2　後　　　3　期　　　4　末

[14] あのアイドルグループのファンの年齢（　　）は10代が中心だ。
1　別　　　2　層　　　3　間　　　4　代

[15] 天気予報によると、雨は午後から（　　）降りになる。
1　本　　　2　上　　　3　少　　　4　総

問題4 （　　）に入れるのに最もよいものを、1・2・3・4から一つ選びなさい。

16 植物は根から吸い上げた水分を（　　）させるとき、周囲から熱を奪うので暑さ対策に役立つ。
　1　排水　　　　2　削除　　　　3　消費　　　　4　蒸発

17 使わないものを思い切って捨てたら、部屋が（　　）して気持ちがいい。
　1　すっきり　　2　はっきり　　3　すっかり　　4　しっかり

18 あの大金持ちの夫婦は物質的には満たされていても、精神的には（　　）いる。
　1　割れて　　　2　濡れて　　　3　飢えて　　　4　逸れて

19 エジプトの砂漠の真ん中には（　　）なピラミッドがそびえている。
　1　強大　　　　2　多大　　　　3　膨大　　　　4　巨大

20 彼はフランスでは人気があるが、日本ではまだ（　　）な歌手だ。
　1　ハングリー　2　ポピュラー　3　マイナー　　4　フリー

21 大学や短大の教育（　　）に職業指導が義務化される。
　1　課程　　　　2　練習　　　　3　過程　　　　4　活動

22 地震のとき大切なのは「生き残る」ことで、（　　）経路が断たれなければあとのことはなんとかなる。
　1　中断　　　　2　脱出　　　　3　出口　　　　4　出場

問題5 _____ の言葉に意味が最も近いものを、1・2・3・4から一つ選びなさい。

[23] あの選手はもう盛りを過ぎた。
   1 リミット　　　2 ゴール　　　3 ピーク　　　4 チェックポイント

[24] 就職の際の学歴の有効性はまだいくぶんある。
   1 効力　　　2 意味　　　3 評価　　　4 損得

[25] 小学生の学力テストが全国でいっせいに行われた。
   1 別々に　　　2 続々と　　　3 同時に　　　4 突然に

[26] 母親は息子の気持ちを察している。
   1 予測して　　　2 見抜いて　　　3 受け取って　　　4 尊重して

[27] 会社の重要な情報をリークする。
   1 口外する　　　2 利用する　　　3 制限する　　　4 混乱させる

問題6　次の言葉の使い方として最もよいものを、1・2・3・4から一つ選びなさい。

28　測定
1　今、事故の原因を測定しているところです。
2　この程度のトラブルは前もって測定していた。
3　学者はこの地域に大地震が起こると測定した。
4　子どもの運動能力を測定するためにテストを行う。

29　筋
1　彼女のすぐれた音感は生まれつきの筋である。
2　あいつの言うことはめちゃくちゃで、筋が通っていない。
3　上司とはことごとく筋が合わない。
4　あんなことをする彼の筋は理解できない。

30　ひきょう
1　彼なら途中で逃げ出すようなひきょうなことは絶対にしないはずだ。
2　こんなひきょうなテレビ番組は子どもに見せたくない。
3　若い女性が電車の中で化粧するなんてひきょうだ。
4　酔っぱらったひきょうな姿を彼女に見られてしまって恥ずかしい。

31　見解
1　この件に関して、いい見解があったらぜひ教えてください。
2　その考えには不満の見解が、あちこちであがった。
3　今後、いっそうの努力をする見解でありますので、よろしくお願いします。
4　この問題には、老人と若者の間に大きな見解の差がある。

32　清書
1　政治は今年度の清書を発表した。
2　連絡先の電話番号を紙切れにさっと清書して彼女に渡した。
3　作文の間違いを調べて、清書して出した。
4　受付でご自分のお名前とご住所を清書してください。

問題7　次の文の（　　）に入れるのに最もよいものを、1・2・3・4から一つ選びなさい。

33　消防士の新人隊員の訓練は、半年にも（　　）きびしく行われる。
　　1　かかって　　　2　渡って　　　3　続いて　　　4　過ぎて

34　犯人（　　）情報をご存知の方は、お近くの警察にお知らせください。
　　1　に及ぶ　　　2　に伴う　　　3　に沿う　　　4　に関する

35　赤ちゃんは今（　　）と思ったら、もうにこにこ笑っている。
　　1　泣いていたか　　　2　泣こうか　　　3　泣かないか　　　4　泣くまいか

36　あのレストランはさんざん待たせた（　　）、出てきたのはメニューと違うものだった。
　　1　せいか　　　2　ところ　　　3　あげく　　　4　どころか

37　日本人（　　）あたりまえの習慣が、他の国から見ておかしいことはたくさんある。
　　1　にしても　　　2　にしたら　　　3　においても　　　4　において

38　コンピューターでの作業に（　　）疲れには、休むよりむしろ運動したほうがよい。
　　1　基づく　　　2　及ぼす　　　3　伴う　　　4　通じる

39　平凡なサラリーマンに（　　）私が、そんな大きな家を買えるわけがない。
　　1　変わらない　　　2　ならない　　　3　およばない　　　4　過ぎない

40　ランナーは4時間かけて42.195キロを走り（　　）。
　　1　かけた　　　2　ぬいた　　　3　通った　　　4　去った

41　大変申し訳ございませんが、至急書類を（　　）。明日の会議に必要なんです。
　　1　送っていただけたでしょうか　　　2　送っていただけないでしょうか
　　3　送ればよろしいでしょうか　　　4　送ってよろしいでしょうか

42 この駅においてある傘は自由に借りて（　　　）が、ちゃんと返してください。
1　よいことになっている　　　　2　よいはずはない
3　よいことにもなっている　　　4　よくないはずはない

43 台風が近づいているこんなときに、海に（　　　）。
1　出るよりほかない　　　　　　2　出ないべきだ
3　出るべきではない　　　　　　4　出ないわけにいかない

44 写真では知っていたが、本物の富士山は（　　　）美しい山だ。
1　見たら見るほど　　　　　　　2　見ても見ると
3　見れば見るほど　　　　　　　4　見ようと見まいと

問題8 次の文の___★___に入る最もよいものを、1・2・3・4から一つ選びなさい。

45 子ども _____ ___★___ _____ _____ おもしろいものもたくさんある。
1　大人に　　　　2　本の中には　　　3　とって　　　　　4　向けの

46 あのレストランは _____ ___★___ _____ _____ が、いつも込んでいるのが困る。
1　値段も　　　　2　味も　　　　　　3　よい　　　　　　4　安ければ

47 前の社長の息子を _____ ___★___ _____ _____ をスタートさせる。
1　新しい　　　　2　新社長　　　　　3　として　　　　　4　体制

48 しょうゆを _____ ___★___ _____ _____ 。
1　日本料理　　　2　は　　　　　　　3　ぬきにしては　　4　語れない

49 娘が無事と _____ _____ ___★___ _____ 家族は大騒ぎだった。
1　わかって　　　2　笑う　　　　　　3　泣くやら　　　　4　やらで

問題9 次の文章を読んで 50 から 54 の中に入る最もよいものを、1・2・3・4から一つ選びなさい。

　　人間が考えるときは、右脳と左脳が同時に働いています。左脳は言葉や論理を、右脳は形、音などの感覚を受け持っています。 50 、考える力を高めるには、その両方をきたえる必要があります。

　　歩いていると脳の働きが活発になり、いろいろな考えがわいてきます。このことは昔から経験的に知られていました。

　　古代ギリシャの大哲学者プラトンは、弟子たちに 51 といわれます。

　　18世紀ドイツの哲学者カントも、散歩する哲学者として知られています。

　　彼が散歩に出るのはきっちり3時半で、夕方の6時に散歩を終えました。近所の人たちは、まったく変わらないカントの生活を見て時計代わりに使ったといいます。

　　企業におけるアイデア生産は、ほとんど室内で行われています。狭い室内に閉じこもって、言葉で「ああでもない、こうでもない」とやり合っているわけです。言葉によるアイデア生産を行っていると、論理的な左脳は活発になりますが、右脳は 52 。その結果、せっかく浮かんだアイデアも「現実的でない」と 53 ことが多くなります。

　　一方、歩きながらアイデア生産を行ったら、どうなるでしょうか。

　　歩くのは両手両足を動かす運動ですから、左脳にも右脳にも新鮮な血液が送られ、両方ともリフレッシュされます。歩くことに集中し始めると 54-a の考えが弱くなり、感覚的な 54-b が働きやすい状態になってきます。その結果、新鮮なアイデアが浮かびやすくなるわけです。会議を始める前に、みんなで歩いてみるのはどうでしょう。

50
1 　したがって　　　2　とはいえ　　　3　あるいは　　　4　しかも

51
1 　歩きながら講義した　　　　2　歩いたまま講義した
3 　歩く際に講義した　　　　　4　歩くついでに講義した

52
1 　活発になります　　　　　　2　生き生きとします
3 　休みがちになります　　　　4　休みそうになります

53
1 　賛成される　　　2　肯定される　　　3　反省される　　　4　否定される

54
1 　a　左脳　／　b　左脳　　　　2　a　右脳　／　b　右脳
3 　a　左脳　／　b　右脳　　　　4　a　右脳　／　b　左脳

제14회 모의 테스트

정답 → 부록 p.69

목표시간 45분

問題1 ＿＿＿＿の言葉の読み方として最もよいものを、1・2・3・4から一つ選びなさい。

[1] 責任をとって、議員を辞める。
　1　あきらめる　　2　うめる　　3　つとめる　　4　やめる

[2] LED電球は消費電力が少なく寿命が長い。
　1　じょうひ　　2　しょうひ　　3　しょうび　　4　じょうび

[3] 将来に明確な目標をもって努力することが大切だ。
　1　めいたく　　2　めいかく　　3　みょうたく　　4　みょうかく

[4] 急に寒さが逆戻りしたため、風邪をひいてしまった。
　1　さかもどり　　2　ぎゃくもどり　　3　ぎゃくもとり　　4　さかさもどり

[5] 彼は仕事はできるが、時間の観念がない。
　1　がいねん　　2　けねん　　3　かんねん　　4　りねん

問題2 ＿＿＿＿の言葉を漢字で書くとき、最もよいものを1・2・3・4から一つ選びなさい。

[6] 私は精神的にも時間的にもよゆうをもつように心がけている。
　1　予裕　　2　余裕　　3　予有　　4　余有

[7] 携帯電話がこわれてしまい、友人と連絡が取れない。
　　1　壊れて　　　　2　傷れて　　　　3　破れて　　　　4　崩れて

[8] 電気や水道などのこうきょう料金を、クレジットカードで支払う。
　　1　公協　　　　　2　交協　　　　　3　公共　　　　　4　交共

[9] 校則や試験を厳しくする教育によって少年はんざいを減らした。
　　1　犯罰　　　　　2　犯罪　　　　　3　反罰　　　　　4　反罪

[10] 空き巣の被害にあう一人暮らしの女性が少なくない。
　　1　遂う　　　　　2　遣う　　　　　3　逸う　　　　　4　遭う

問題3　（　　　）に入れるのに最もよいものを、1・2・3・4から一つ選びなさい。

[11] 手続きについては、お配りした（　　　）冊子をご覧ください。
　　1　薄　　　　　　2　厚　　　　　　3　大　　　　　　4　小

[12] この世界で一人（　　　）の職人になるには、10年かかるそうだ。
　　1　力　　　　　　2　前　　　　　　3　者　　　　　　4　並

[13] 週刊誌は芸能人の（　　　）生活を書き立てた。
　　1　俗　　　　　　2　個　　　　　　3　私　　　　　　4　自

[14] この地域にはときどき野生動物が人間の生活（　　　）に入り込んでくる。
　　1　圏　　　　　　2　層　　　　　　3　間　　　　　　4　中

[15] 先着（　　　）に整理券を配ります。
　　1　者　　　　　　2　番　　　　　　3　順　　　　　　4　人

問題4 （　　）に入れるのに最もよいものを、1・2・3・4から一つ選びなさい。

16　父に代わって社長に（　　）したころは、父を追い抜きたいとばかり思っていた。
　　1　就任　　　　2　交代　　　　3　就職　　　　4　後任

17　朝ごはんを食べないで登校する児童が多いのは（　　）な問題だ。
　　1　皮肉　　　　2　深刻　　　　3　格別　　　　4　真剣

18　学生時代のアルバイトは、（　　）に生活費のためのものだった。
　　1　平等　　　　2　陽気　　　　3　面倒　　　　4　純粋

19　大統領の通る道は、おおぜいの警官が（　　）に警備していた。
　　1　厳重　　　　2　強力　　　　3　膨大　　　　4　過多

20　競馬の世界では、ダービーに勝つことが最高の（　　）である。
　　1　栄え(さか)　　2　譲り　　　　3　誇り　　　　4　見ばえ

21　遅くなりましたから（　　）失礼致します。どうもごちそうになりました。
　　1　とうとう　　2　いよいよ　　3　そろそろ　　4　たまたま

22　条例の改正について発言が続き、議論は（　　）した。
　　1　ヒートアップ　　　　　　　2　イメージアップ
　　3　バックアップ　　　　　　　4　タイアップ

問題5 ＿＿＿の言葉に意味が最も近いものを、1・2・3・4から一つ選びなさい。

[23] 彼は自分の発言を打ち消した。
　1　修正した　　　2　伝達した　　　3　記録した　　　4　否定した

[24] 政治を批判したこの新聞記事は、とても鋭い。
　1　間違っている　2　優れている　　3　冷静である　　4　読まれている

[25] 木村さんは、始終携帯のメールをチェックしている。
　1　何度か　　　　2　いつも　　　　3　はじめに　　　4　たまに

[26] 君にこの仕事を任せるからせいぜいがんばってくれ。
　1　いいかげんに　2　つらくても　　3　できるだけ　　4　最後まで

[27] この計画を実施する場合、どんなメリットがありますか。
　1　不利な点　　　2　有利な点　　　3　疑問点　　　　4　問題点

問題6　次の言葉の使い方として最もよいものを、1・2・3・4から一つ選びなさい。

[28] 大半
1　地震の被害は2兆円の大半に達した。
2　日本はエネルギーの大半を輸入に頼っている。
3　彼が犯人だという証拠は大半ある。
4　あの人は株で大半の富を得たらしい。

[29] 口実
1　夫は仕事の付き合いを口実に、毎晩飲んで帰ってくる。
2　財布を拾ったことが口実で彼女と知り合いになった。
3　お金を借りるには一定の口実がある。
4　学校に来ないのはどうもいじめが口実のようだ。

[30] あいまい
1　明け方、亡くなった母のあいまいな夢を見た。
2　あいまいな発言を繰り返す首相に国民は失望した。
3　その情報は今のところあいまいなので、確からしい。
4　暇がなくてあいまいになっている本がたくさんある。

[31] 要点
1　この演説は要点よくまとめられている。
2　彼は何をやらせても要点が悪い。
3　人に説明するときは、要点をおさえて話しなさい。
4　古都の要点を1日案内してもらった。

[32] 持続
1　この頭痛薬は約12時間、効き目が持続する。
2　一晩中持続して運転しないと、明日の朝までに故郷に帰れない。
3　このところ、いやな事件が持続して起こる。
4　この和菓子はあまり持続しないので早目に食べてください。

問題7 次の文の（　　）に入れるのに最もよいものを、1・2・3・4から一つ選びなさい。

[33] A「試験はいつだっけ？」
B「たしか来週（　　）、ヨウさんが言っていたよ。」
1　だか　　　　2　だとか　　　　3　だが　　　　4　だけど

[34] めいのかわいらしさ（　　）、まるで天使のようだ。
1　としたら　　2　といえば　　　3　といっても　4　といったら

[35] 私も同じ失敗をした（　　）、あなたに注意しているのです。
1　からこそ　　2　からには　　　3　くせに　　　4　ことだから

[36] 我が社は、子ども向けの絵本を（　　）多くの本を出版しています。
1　真ん中に　　2　中心に　　　　3　中央に　　　4　最大に

[37] 年齢（　　）社員を募集するように、政府は会社を指導した。
1　にかぎりなく　2　にかかわりなく　3　はぬきにして　4　のせいで

[38] その人は道を教えてくれた（　　）、わざわざ駅まで連れて行ってくれた。
1　ばかりに　　2　ところに　　　3　ばかりか　　4　どころか

[39] 社長が交代したことを（　　）、社名を変えることになった。
1　事情にして　2　結果として　　3　契機にして　4　原因にして

[40] 試験の心配はしなくていい。君ほどの学力があれば（　　）よ。
1　合格するわけがある　　　　　　2　合格するものがある
3　合格することに決めてある　　　4　合格するに決まっている

[41] 結婚のお祝いに包丁を（　　）と言われるが、相手が欲しいならよいのではないか。
1　贈らないものでない　　　　　　2　贈るものではない
3　贈らないわけではない　　　　　4　贈るわけはない

42 あまり（　　）人のほうが、かえって長続きするものだ。
　1　がんばるにすぎない　　　　2　がんばりすぎない
　3　がんばろうとする　　　　　4　がんばるばかりの

43 本来なら社長が（　　）ですが、失礼ながら部長の私がまいりました。
　1　お見舞いにくるところ　　　2　お見舞いされるはず
　3　お見舞いにくること　　　　4　お見舞いにくるとき

44 A「成人式であばれる人が増えているようですね。」
　B「日本では20歳になっても、大人に（　　）人が多いのです。」
　1　なりそうもない　　　　　　2　なるはずがない
　3　なりきれない　　　　　　　4　なっていられない

問題8　次の文の＿＿★＿＿に入る最もよいものを、1・2・3・4から一つ選びなさい。

[45] 日本語が読めない人 ＿＿＿＿ ＿＿＿＿ ＿★＿ ＿＿＿＿ マークがつけられている。

　　1　にも　　　　　2　ように　　　　3　理解できる　　　4　絵による

[46] やろうか ＿＿＿＿ ＿★＿ ＿＿＿＿ ＿＿＿＿ 悔やまなくてすむことが多い。

　　1　やったほうが　2　迷ったときは　3　かと　　　　　　4　やめよう

[47] お客様の意見を ＿＿＿＿ ＿★＿ ＿＿＿＿ ＿＿＿＿ ための会議が開かれた。

　　1　新製品を　　　2　もとに　　　　3　作る　　　　　　4　して

[48] 親の遺産を ＿＿＿＿ ＿＿＿＿ ＿★＿ ＿＿＿＿ とうとうけんか別れになった。

　　1　めぐって　　　2　兄弟が　　　　3　あげく　　　　　4　はげしく争った

[49] 旅好きの主婦が多いのは、めずらしい景色を見るのが ＿＿＿＿ ＿＿＿＿ ＿★＿ ＿＿＿＿ も理由の1つだ。

　　1　料理をしなくていい　　　　　　2　好きな
　　3　だけでなく　　　　　　　　　　4　ということ

問題9　次の文章を読んで 50 から 54 の中に入る最もよいものを、1・2・3・4から一つ選びなさい。

　　コミュニケーションには「聞く」「 50-a 」という情報を中に取り入れる作業と、「話す」「 50-b 」という情報を外に発信する作業があります。
　　その場合、特に重要なのが「聞く」という作業です。ある学者の調査によると、コミュニケーションに使われる時間は、「話す」が30%、「読む」が16%、「書く」が9%なのに対して、「聞く」は45%も使われています。それ 51 、聞く練習はあまり行われない傾向があります。これは、声や音は自然に耳に入ってくるのに対して、話す・読む・書くは 52 作業になるからでしょう。
　　そこで自然に音が耳に入ってくることを「聞く」、意識して聞くことを「聴く」と表しましょう。
　　まず、話を聴くことによって、相手がどう考え、何を感じ、どうしようとしているかがわかります。一般的な情報も相手から得ることができます。
　　その次に、相手の話を聴くことは、相手に注目すること、すなわち相手の存在を認めることを意味します。話を聴かないと逆に、相手は自分を 53 感じます。
　　第三に、相手との関係をよくすることができます。話をよく聴くことによって、相手と親しい関係に 54 、相手もこちらに好意を感じるようになるのです。
　　というわけで、コミュニケーション能力をつけるには、まず「聴く技術」を身につけることが大切なのです。

50

1 a 読む ／ b 書く 　　　　2 a 書く ／ b 読む
3 a 話す ／ b 聞く 　　　　4 a 読む ／ b 聞く

51

1 だからこそ　　2 のために　　3 にもかかわらず　　4 にしたがって

52

1 無意識の　　　2 自然な　　　3 意識的な　　　4 不自然な

53

1 攻撃されたように　　　　　2 否定されたように
3 認められたように　　　　　4 注目されたように

54

1 なりそうになると　　　　　2 なるとしても
3 なるにつけても　　　　　　4 なるとともに

제15회 모의 테스트

정답 → 부록 p.70

목표시간 45분

問題1 _____の言葉の読み方として最もよいものを、1・2・3・4から一つ選びなさい。

① 朝食をとると睡眠中に<u>低下</u>した体温が上がるので、午前中の集中力が高まる。
　1　ていか　　　2　ていが　　　3　ていげ　　　4　でいが

② 手抜き工事のせいで、家の床が歩くと<u>沈む</u>。
　1　しずむ　　　2　ひずむ　　　3　すすむ　　　4　ゆがむ

③ 景気の回復は就職活動中の学生にとって最大の<u>関心事</u>である。
　1　かんじんじ　2　がんじんじ　3　かんしんじ　4　かんじんし

④ 異常気象による<u>農産物</u>の被害が各地で起きている。
　1　のうさんぶつ　2　のうざんふつ　3　のうさんもつ　4　のうさくもつ

⑤ 赤ちゃん用おもちゃの安全<u>基準</u>は厳し過ぎることはない。
　1　きてい　　　2　きそく　　　3　きじゅん　　4　きはん

問題2 _____の言葉を漢字で書くとき、最もよいものを1・2・3・4から一つ選びなさい。

⑥ 心の病は病名を<u>しんだん</u>するのさえ非常に難しい。
　1　診断　　　　2　侵断　　　　3　審断　　　　4　信断

7 劇場で、大きな荷物や上着をクロークにあずける。
　　1　項ける　　　　2　預ける　　　　3　領ける　　　　4　頂ける

8 あの子はいかにもりこうそうだ。
　　1　利行　　　　　2　利効　　　　　3　利口　　　　　4　利硬

9 新入社員のけんしゅうは入社後一カ月行う。
　　1　研修　　　　　2　検修　　　　　3　研習　　　　　4　検習

10 昨夜宝石店で2億円相当の商品が何者かにぬすまれた。
　　1　除まれた　　　2　奪まれた　　　3　詐まれた　　　4　盗まれた

問題3　（　　　）に入れるのに最もよいものを、1・2・3・4から一つ選びなさい。

11 あの政治家はかつて（　　　）体制運動のリーダーだった。
　　1　新　　　　　　2　現　　　　　　3　反　　　　　　4　前

12 部長はとても自信（　　　）だ。
　　1　屋　　　　　　2　家　　　　　　3　人　　　　　　4　者

13 火山灰の被害は（　　　）範囲におよんだ。
　　1　大　　　　　　2　多　　　　　　3　広　　　　　　4　全

14 面接で相手に（　　　）印象を与えるスーツを選ぶ。
　　1　良　　　　　　2　好　　　　　　3　優　　　　　　4　善

15 彼は少年（　　　）のほとんどを海外で過ごした。
　　1　期　　　　　　2　代　　　　　　3　性　　　　　　4　時

問題4 （　　）に入れるのに最もよいものを、1・2・3・4から一つ選びなさい。

16　失業者が増えると犯罪も増える。（　　）不景気が犯罪の原因と言える。
　　1　ようするに　　2　そういえば　　3　おたがいに　　4　ようやく

17　子どものころからこわれたおもちゃを（　　）したり、何かを組み立てたりするのが得意だった。
　　1　訂正　　2　修正　　3　修理　　4　治療

18　狭き門を（　　）、人気の会社に就職できた。
　　1　打ち抜いて　　2　出し抜いて　　3　引き抜いて　　4　勝ち抜いて

19　コンピューターウイルスが、ネットワークに不正に（　　）した。
　　1　進入　　2　侵入　　3　加入　　4　移入

20　人と人との結び付きを大切にする彼は、チームのまとめ役に（　　）人物だ。
　　1　うらやましい　　2　にくらしい　　3　なつかしい　　4　ふさわしい

21　1人で困難な仕事をやりとげた経験は、私の人生の（　　）になった。
　　1　アップ　　2　ダウン　　3　プラス　　4　ダブル

22　この会社が女性に人気なのは、託児所が（　　）され子どもを預けて働けるからだ。
　　1　設備　　2　完備　　3　建設　　4　整理

問題5 ＿＿＿の言葉に意味が最も近いものを、1・2・3・4から一つ選びなさい。

24 ネット犯罪に対する意識が薄い人は多い。
　1　不十分な　　　2　不正確な　　　3　不明な　　　4　不透明な

24 この曲を聞くたびに、川の流れを連想する。
　1　思い当たる　　2　思い上がる　　3　思い浮かべる　4　思い出す

25 万一地震があっても、荷物を持ち出せるように準備している。
　1　だから　　　　2　やがて　　　　3　どんな　　　　4　もしも

26 木村先輩はサークル活動にいちいち口を出す。
　1　細かく　　　　2　少しは　　　　3　最初から　　　4　勝手に

27 今年は過去最高の速度で交通事故の死者が増えている。
　1　ベース　　　　2　ペース　　　　3　メーター　　　4　パーセント

問題6　次の言葉の使い方として最もよいものを、1・2・3・4から一つ選びなさい。

28　みじめ
1　親友が交通事故で亡くなったというみじめな知らせを受け取った。
2　息子が口答えしたら母はみじめな顔をした。
3　彼は事業に失敗し、今ではみじめな生活をしているという。
4　犯罪が低年齢化しているとは、なんとみじめなことだ。

29　具合
1　最近は経済の具合が悪いので仕事が少ない。
2　頭の具合がよくないといい考えが浮かばない。
3　政治の具合がよくならないと国民の生活も大変だ。
4　車のエンジンの具合が悪くて、変な音がする。

30　世の中
1　子どもが世の中に目を覚ますことが多く寝不足気味だ。
2　動物の世の中は力の関係がはっきりしている。
3　そんな甘い考えでは世の中渡っていけない。
4　彼は若くして政治の世の中に入った。

31　雑音
1　道路工事の雑音がして一晩中眠れなかった。
2　このラジオは雑音がひどくて、声が聞き取りにくい。
3　飛行場の近くの住民は、飛行機の雑音に悩まされている。
4　私の母は細かいことまで雑音を言う。

32　拡張
1　あっという間に彼らの結婚のうわさが拡張した。
2　海外事業を拡張するため、社員を募集する。
3　山頂に着くと目の前に美しい景色が拡張した。
4　ペットの写真を拡張して、部屋に飾った。

問題7 次の文の（　　）に入れるのに最もよいものを、1・2・3・4から一つ選びなさい。

33 「野球の名門」という名前に（　　）、ぜひ我が校が優勝したいものだ。
　1　とっても　　　2　かけても　　　3　ついても　　　4　よっても

34 彼は大金持ちの（　　）けちで、払うべき金もなかなか払わない。
　1　せいで　　　　2　ために　　　　3　くせに　　　　4　あまり

35 10年ぶりに息子の顔を見た母は、人目（　　）息子を抱きしめた。
　1　によらず　　　2　にかかわらず　3　を問わず　　　4　もかまわず

36 たばこに（　　）とたんに、大きな音とともに部屋が爆発した。
　1　火をつけている　2　火をつける　3　火をつけそうな　4　火をつけた

37 この件に関しては、上司に確認して（　　）お答えできません。
　1　からでないと　2　からすると　　3　からといって　4　からして

38 こんなごみ（　　）の家には、はずかしくてお客さんが呼べない。
　1　だらけ　　　　2　ばかり　　　　3　だけ　　　　　4　のみ

39 これはワイン（　　）、むしろぶどうジュースに近い味だ。
　1　というより　　2　としたら　　　3　とするなら　　4　といっては

40 あの男は金のためなら、友人だって裏切り（　　）。
　1　かねる　　　　2　かねない　　　3　きれる　　　　4　きれない

41 雨に（　　）服を着ていたら、風邪をひきますよ。早く着替えなさい。
　1　ぬれたままの　2　ぬらしたきりの　3　ぬれたばかりの　4　ぬらされたものの

42 これ以上雨が降らない日が続くと、断水に（　　　）。
1　なりっこない
2　ならずにはいられない
3　なるおそれがある
4　なるともかぎらない

43 A「伊藤といいますが、今夜2名で予約を取っているはずです。」
　 B「伊藤様で（　　　）。はい、たしかにご予約いただいています。」
1　いらっしゃいますね
2　おっしゃいますね
3　申されますね
4　おられますね

44 あなたは本当に短気だから、相手（　　　）、まずゆっくり1から10まで数えて落ち着きなさい。
1　を怒らせそうになったら
2　に怒りそうになったら
3　が怒られそうになったら
4　が怒りそうにしたら

問題8　次の文の＿＿★＿＿に入る最もよいものを、1・2・3・4から一つ選びなさい。

45　気分が悪くて病院に行ったが ＿＿＿＿ ＿＿＿＿ ＿★＿＿ ＿＿＿＿ 終わり、「ただの風邪です」と言われた。
　　1　待たされた　　2　診察はすぐ　　3　あげくに　　4　さんざん

46　皮肉で冷たいと ＿＿＿＿ ＿＿＿＿ ＿★＿＿ ＿＿＿＿ いつもやさしかった。
　　1　彼も　　2　子どもに　　3　対しては　　4　言われる

47　この会社は ＿＿＿＿ ＿★＿＿ ＿＿＿＿ ＿＿＿＿ 受けることができます。
　　1　既卒かを　　2　新卒か　　3　問わず　　4　採用試験を

48　新しい教育方法が ＿＿＿＿ ＿★＿＿ ＿＿＿＿ ＿＿＿＿ ことになった。
　　1　実行されるのに　　2　試してみる　　3　少数の学校で　　4　先立ち

49　木村さんほどのベテランのガイドが ＿＿＿＿ ＿＿＿＿ ＿★＿＿ ＿＿＿＿ 警察に電話しよう。
　　1　あるまいが　　2　道に迷う　　3　一応　　4　ことなど

問題9　次の文章を読んで　50　から　54　の中に入る最もよいものを、1・2・3・4から一つ選びなさい。

　うそをついている人を、どこで見分ければいいでしょうか。
　ある大学教授が、何人かの人が話しているビデオを学生に見せ、「だれがうそをついているか。なぜそう判断したか」をたずねました。
　最も多くの人が注目したのが「話し方」で、次に「話の内容」でした。
　「目の動き」「顔の表情」「話す時間」が同じくらいで、「手の動き」「足の動き」に注目した人はわずかでした。
　ところが　50　、一番多くうそをついている人を当てたのは、「手の動き」に注目した人でした。この人たちの実に90パーセントがうそをついている人を当てています。
　これに続いて「足の動き」に注目した人の正解が多くなっています。反対に正解が少なかったのは「顔の表情」「話す時間」で、半分以下でした。
　以上のデータから、本心が表れやすいのは　51　だとわかります。
　一生懸命しゃべっているが目と目を合わさないときなどは、手と足に注目すると本心が見えやすくなります。手をオーバーに動かす、何回も座りなおす、足をゆさぶるなどに注意しないと、自分のうそも相手にわかってしまいます。
　顔は、言葉と同じように、その場の状況　52　本心と異なる表情ができます。つまり、必要ならばうそがつけるのです。
　しかし　53　ことは、人間関係を維持するのに非常に大切です。人々が本心通りにしゃべったり顔に表すようになったら、人間関係の多くがこわれてしまいます。人が着ている服が「似合わない」と思っても、ふつうは「お似合いですね」と言います。正直であることが必ず　54　。

50
1 予想通りに　　　　　　　　　2 予想に反し
3 予想に基づいて　　　　　　　4 予想にかかわらず

51
1 話の内容　　2 顔の表情　　3 手足の動き　　4 目の動き

52
1 に応じて　　2 に関して　　3 に際して　　4 をめぐって

53
1 うそをつく　　2 うそをつかない　　3 本心を語る　　4 正直に言う

54
1 正しいはずがありません　　　　2 正しいに相違ありません
3 正しいと決まっています　　　　4 正しいわけではありません

저자 소개

日本語能力試験問題研究会
香取文子(かとり ふみこ)
比田井牧子(ひだい まきこ)
国書刊行会編集部

新일본어능력시험 **직전대책 15회분 실전모의고사**
N2 **언어지식** (문자 · 어휘 / 문법)

초판발행	2011년 9월 25일
1판 8쇄	2024년 5월 10일
저자	일본어능력시험문제연구회
책임 편집	조은형, 김성은, 오은정, 무라야마 토시오
펴낸이	엄태상
마케팅	이승욱, 왕성석, 노원준, 조성민, 이선민
경영기획	조성근, 최성훈, 김다미, 최수진, 오희연
물류	정종진, 윤덕현, 신승진, 구윤주
펴낸곳	시사일본어사(시사북스)
주소	서울시 종로구 자하문로 300 시사빌딩
주문 및 교재 문의	1588-1582
팩스	0502-989-9592
홈페이지	www.sisabooks.com
이메일	book_japanese@sisadream.com
등록일자	1977년 12월 24일
등록번호	제 300-2014-31호

ISBN 978-89-402-9076-7 13730

© 2011 Fumiko KATORI, Makiko HIDAI, Kokushokankokai Inc.

日本語組版   株式会社シーフォース

* 이 책의 내용을 사전 허가 없이 전재하거나 복제할 경우 법적인 제재를 받게 됨을 알려 드립니다.
* 잘못된 책은 구입하신 서점에서 교환해 드립니다.
* 정가는 표지에 표시되어 있습니다.

핵심을 집어주는 해설 및 정답 수록!
JLPT에 꼭 나오는 어휘 문제를 풀고 정리도 할 수 있는 부록!

일본 国書刊行会
독점라이선스

일본어능력시험 문제연구회 저

N2 직전대책

15회분 실전모의고사

부록 및 정답해설

언어지식

문자·어휘 / 문법

목 차

중요어휘 및 연습문제

동사 …………………………………………………… 4

복합동사・복합명사 …………………………………… 11

い형용사 ………………………………………………… 16

な형용사 ………………………………………………… 19

부사・의성어・의태어 등 ……………………………… 26

가타카나어 ……………………………………………… 32

복합어・파생어 ………………………………………… 37

훈독명사 등 …………………………………………… 42

중요숙어 ………………………………………………… 45

모의테스트 및 부록 해설・정답

모의테스트 정답 ……………………………………… 53

부록 해설・정답 ……………………………………… 71

부록
중요어휘 및 연습문제

동사

정답 → 부록 p.71~73

問題 1：（　　）に読みを入れなさい。

「～る」

焦る	（　　　　）	）る
承る	（　　　　）	）る
得る	（　　　　）	）る
贈る	（　　　　）	）る
限る	（　　　　）	）る
重ねる	（　　　　）	）ねる
凍る	（　　　　）	）る
探る	（　　　　）	）る
刺さる	（　　　　）	）さる
刷る	（　　　　）	）る
迫る	（　　　　）	）る
頼る	（　　　　）	）る
釣る	（　　　　）	）る
照る	（　　　　）	）る
似る	（　　　　）	）る
計る	（　　　　）	）る
測る	（　　　　）	）る
触れる	（　　　　）	）れる
掘る	（　　　　）	）る
破る	（　　　　）	）る

「～える」

押さえる	（　　　　）	）さえる
換える	（　　　　）	）える
替える	（　　　　）	）える
凍える	（　　　　）	）える
支える	（　　　　）	）える
備える	（　　　　）	）える
例える	（　　　　）	）える
捕らえる	（　　　　）	）らえる
震える	（　　　　）	）える

「～める」

温める	（　　　　）	）める
暖める	（　　　　）	）める
改める	（　　　　）	）める
薄める	（　　　　）	）める
埋める	（　　　　）	）める
治める	（　　　　）	）める
収める	（　　　　）	）める
納める	（　　　　）	）める
占める	（　　　　）	）める
責める	（　　　　）	）める
勤める	（　　　　）	）める
努める	（　　　　）	）める
務める	（　　　　）	）める
詰める	（　　　　）	）める
認める	（　　　　）	）める
辞める	（　　　　）	）める

「～れる」

暴れる	（　　　　）	）れる
恐れる	（　　　　）	）れる

枯れる	(	)れる	除く	(	)く
優れる	(	)れる	掃く	(	)く
恵まれる	(	)まれる	省く	(	)く
乱れる	(	)れる	防ぐ	(	)ぐ
揺れる	(	)れる	巻く	(	)く
			沸く	(	)く

「〜う」

祝う	(	)う
失う	(	)う
奪う	(	)う
敬う	(	)う
占う	(	)う
覆う	(	)う
補う	(	)う
狂う	(	)う
逆らう	(	)らう
整う	(	)う
雇う	(	)う

「〜す」

甘やかす	(	)やかす
降ろす	(	)ろす
隠す	(	)す
暮らす	(	)らす
越す	(	)す
超す	(	)す
壊す	(	)す
捜す	(	)す
覚ます	(	)ます
冷ます	(	)ます
過ごす	(	)ごす
耕す	(	)す
散らかす	(	)らかす
治す	(	)す
亡くす	(	)くす
鳴らす	(	)らす
逃す	(	)す
冷やす	(	)やす
蒸す	(	)す
燃やす	(	)やす
汚す	(	)す

「〜く」

抱く	(	)く
描く	(	)く
輝く	(	)く
稼ぐ	(	)ぐ
傾く	(	)く
乾く	(	)く
効く	(	)く
就く	(	)く
解く	(	)く
届く	(	)く
脱ぐ	(	)ぐ

「〜む」

編む	（　　　）む	沈む	（　　　）む
痛む	（　　　）む	畳む	（　　　）む
悲しむ	（　　　）しむ	悩む	（　　　）む
刻む	（　　　）む	憎む	（　　　）む
組む	（　　　）む	望む	（　　　）む
込む	（　　　）む	挟む	（　　　）む
		含む	（　　　）む

問題２：▭の中から、（　　）に入る適切な動詞を選びなさい。

1

限る	探る	似る	刺さる	承る
触れる	刷る	迫る	釣る	頼る

① 申し込みは１人１回に（　　　）。
② とげが手に（　　　）。
③ 彫刻に手で（　　　）。
④ 来年の年賀状を（　　　）。
⑤ 平和への道を（　　　）。
⑥ 応募の締め切りが（　　　）。
⑦ 川で魚を（　　　）。
⑧ 父親に性格が（　　　）。
⑨ お客様からの注文を（　　　）。
⑩ 失業してしまい、実家を（　　　）。

2

照る	測る	計る	凍る	乱れる
掘る	破る	焦る	贈る	重ねる

① 大雪で電車のダイヤが（　　　）。
② 駅までの距離を（　　　）。
③ 荷物の重さを（　　　）。
④ 書き間違えて紙を（　　　）。
⑤ 地面に穴を（　　　）。
⑥ 課題がなかなか終わらずに（　　　）。
⑦ 誕生日のプレゼントを（　　　）。
⑧ 寒さで湖が（　　　）。
⑨ 明るく太陽が（　　　）。
⑩ 商品開発のため、何度も会議を（　　　）。

3

| 祝う | 失う | 奪う | 敬う | 占う | 覆う |
| 補う | 狂う | 逆らう | 雇う | 整う | |

① ひったくりがバッグを（　　　　）。
② サプリメントで栄養を（　　　　）。
③ 神仏を（　　　　）。
④ 仕事で失敗し、信用を（　　　　）。
⑤ 手相で将来を（　　　　）。
⑥ 事故現場の恐ろしさに目を（　　　　）。
⑦ 弟の結婚を（　　　　）。
⑧ 会議の準備が（　　　　）。
⑨ 仕事が遅れて予定が（　　　　）。
⑩ アルバイトの店員を（　　　　）。
⑪ 親の意見に（　　　　）。

4

| 抱く | 輝く | 稼ぐ | 掃く | 解く |
| 乾く | 傾く | 効く | 就く | |

① 将来の夢を（　　　　）。
② 友人の誤解を（　　　　）。
③ 働いて生活費を（　　　　）。
④ 朝日がまぶしく（　　　　）。
⑤ 外に干した洗濯物が（　　　　）。
⑥ 地震で家の柱が（　　　　）。
⑦ 病院でもらった薬が（　　　　）。
⑧ 希望通りの仕事に（　　　　）。
⑨ ほうきで床を（　　　　）。

5

| 届く | 脱ぐ | 描く | 除く |
| 省く | 防ぐ | 巻く | 沸く |

① 父からのプレゼントが（　　　　）。
② 着替るため服を（　　　　）。
③ 検査をして不安を（　　　　）。
④ 詳しい説明を（　　　　）。
⑤ 窓を閉めて風を（　　　　）。
⑥ 包帯を手首に（　　　　）。
⑦ お湯が（　　　　）。
⑧ 美しい風景を絵に（　　　　）。

6

| 暮らす | 覚ます | 超す | 冷ます |
| 捜す | 甘やかす | 汚す | |

1. 実家を出て1人で（　　　　）。
2. 熱いスープを（　　　　）。
3. 出席者が100人を（　　　　）。
4. 子どもを（　　　　）。
5. 殺人事件の犯人を（　　　　）。
6. 転んで服を（　　　　）。
7. 朝早く、目を（　　　　）。

7

| 隠す | 冷やす | 逃す | 越す |
| 過ごす | 壊す | 耕す | |

1. 退屈な毎日を（　　　　）。
2. 畑を（　　　　）。
3. タワーの高さが500メートルを（　　　　）。
4. 古い建物を（　　　　）。
5. ばれないように悪事を（　　　　）。
6. 熱が出たので頭を（　　　　）。
7. 大事なチャンスを（　　　　）。

8

| 散らかす | 治す | 亡くす | 降ろす |
| 鳴らす | 燃やす | 蒸す | |

1. 入院して病気を（　　　　）。
2. 両親を次々に（　　　　）。
3. 専用の道具で野菜を（　　　　）。
4. 落ち葉を（　　　　）。
5. ベルを（　　　　）。
6. 子どもが部屋を（　　　　）。
7. 乗客をバスから（　　　　）。

9

| 痛む | 挟む | 悲しむ | 含む |
| 畳む | 望む | 組む | |

① 友人との別れを（　　　）。
② ソファーに座り足を（　　　）。
③ 胃がちくちく（　　　）。
④ 雨がやんだので傘を（　　　）。
⑤ この食品は鉄分をたっぷり（　　　）。
⑥ パンにチーズを（　　　）。
⑦ 同僚よりも早い出世を（　　　）。

10

| 込む | 沈む | 編む | 刻む |
| 悩む | 憎む | 換える | 凍える |

① 人々の命を奪う戦争を（　　　）。
② 進学か就職か、進路に（　　　）。
③ 夕日が（　　　）。
④ 毛糸でセーターを（　　　）。
⑤ 細かく野菜を（　　　）。
⑥ ラッシュで電車が（　　　）。
⑦ ポイントを商品券に（　　　）。
⑧ 冷たい水で手が（　　　）。

11

| 捕らえる | 震える | 替える | 例える |
| 支える | 備える | 押さえる | 得る |

① 人生を川の流れに（　　　）。
② 雨にぬれ、寒さに（　　　）。
③ ついに犯人を（　　　）。
④ 大地震に（　　　）。
⑤ 円をユーロに（　　　）。
⑥ アルバイトをして家計を（　　　）。
⑦ 風が吹いたので、スカートを（　　　）。
⑧ 有名な賞をもらい名声を（　　　）。

12

| 占める | 勤める | 務める | 薄める |
| 埋める | 改める | 認める | 詰める |

정답 → 부록 p.23~24

1 会社の規則を（　　　）。
2 財宝を土の中に（　　　）。
3 ダンボール箱に古着を（　　　）。
4 酒を水で（　　　）。
5 相手の勝利を（　　　）。
6 新しく議長を（　　　）。
7 長年同じ会社に（　　　）。
8 賛成意見が過半数を（　　　）。

13

| 努める | 暖める | 温める | 責める |
| 収める | 納める | 治める | 辞める |

1 議員の職を（　　　）。
2 税金を（　　　）。
3 勝利を（　　　）。
4 国王が国を（　　　）。
5 部下の失敗を（　　　）。
6 エアコンで部屋を（　　　）。
7 なべでスープを（　　　）。
8 大学で研究に（　　　）。

14

| 暴れる | 恐れる | 枯れる |
| 優れる | 恵まれる | 揺れる |

1 水をやらずに花が（　　　）。
2 よい環境に（　　　）。
3 学校で生徒が（　　　）。
4 英語の成績が（　　　）。
5 花が風に（　　　）。
6 失敗を（　　　）。

복합동사 · 복합명사

정답 → 부록 p.73~75

복합동사

当てはまる 들어맞다, 적합하다
当てはめる 맞추다, 적용하다
言い出す 말을 꺼내다, 말을 시작하다
言い付ける 명령하다, 일러바치다
受け持つ 담당하다, 담임하다
打ち合わせる 미리 상의하다
打ち消す 부정하다, 없애다
裏返す 뒤집다
裏切る 배신하다, (기대, 신뢰에) 어긋나다
思い込む 굳게 믿다, 굳게 결심하다
思い付く 생각이 떠오르다, 생각나다
追いかける 뒤쫓다, 잇달아 하다
追い越す 추월하다
追いつく 따라잡다, 미치다
落ち着く 진정되다, 안정되다
区切る 구획짓다, 일단락을 짓다
組み立てる 짜맞추다, 조립하다
言付ける 전언을 부탁하다
差し引く 빼다, 차감하다
支払う 지불하다
締め切る 마감하다

すれちがう 마주 지나가다, 엇갈리다
近づく 다가오다, 가까워지다
近寄る 다가가다, 가까이 가다
付き合う 사귀다, 행동을 같이 하다
釣り合う 균형이 잡히다, 어울리다
突っ込む 돌진하다, 깊이 개입하다
通りかかる 마침 그 곳을 지나가다
通り過ぎる 지나가다
取り上げる 집어 들다, 받아들이다
取り入れる 거두어들이다, 받아들이다
取り消す 취소하다
取り出す 꺼내다, 골라내다
飛び込む 뛰어들다
飛び出す 뛰어나오다, 뛰어나가다
溶け込む 녹다, 동화되다
長引く 오래 걸리다, 지연되다
払い込む 납부하다
払い戻す 환불하다, 예금을 찾다
張り切る 힘이 넘치다

引き返す 되돌아가다, 반복하다
引き出す 꺼내다, 끌어내다
引き止める 말리다, 붙들다
引き受ける 책임지고 떠맡다, 담당하다
引っ込む 틀어박히다, 움푹 꺼지다
ひっくり返る 뒤바뀌다, 넘어지다
引っ張る 잡아당기다, 길게 끌다
見上げる 우러러보다, 올려다보다
見送る 전송하다, 배웅하다
見下ろす 내려다보다, 깔보다
見つめる 응시하다, 바라보다
見直す 다시 보다, 재점검하다
見舞う 문병하다, 찾아오다
目指す 목표로 하다, 지향하다
持ち上げる 들어올리다, 일으키다
物語る 이야기하다, 설명하다
申し込む 신청하다
呼びかける 말을 걸다, 호소하다
呼び出す 불러내다, 꾀어내다
横切る 가로지르다, 스치다

問題：☐の中から（　）に入る適切な動詞を選びなさい。

1

| 思い付く | 引き出す | 裏返す | 当てはまる | 落ち着く | 通りかかる |
| 見舞う | 言い付ける | 長引く | 言い出す | 打ち消す | |

1. 条件にぴったり（　　　）。
2. 旅行の出発直前に、「行きたくない」と（　　　）。
3. 先生にこっそり（　　　）。
4. 昨日言ったことを（　　　）。
5. ホットケーキを上手に（　　　）。
6. いい方法を（　　　）。
7. 子どもの隠れた才能を（　　　）。
8. 被災地の人々を（　　　）。
9. 気持ちが（　　　）。
10. 会議が（　　　）。
11. 事故現場をたまたま（　　　）。

2

| 追いつく | 釣り合う | 受け持つ | 溶け込む | 当てはめる | 見上げる |
| 組み立てる | 差し引く | 突っ込む | 区切る | すれちがう | 見下ろす |

1. 飲み会の会計係を（　　　）。
2. プラモデルを（　　　）。
3. 土地を小さく（　　　）。
4. 食費を給料から（　　　）。
5. 道で知り合いと（　　　）。
6. 車がコンビニに（　　　）。
7. 2つの物体の重さが（　　　）。
8. 自分の経験に（　　　）。
9. 新しい職場に（　　　）。
10. ライバルにやっと（　　　）。
11. 星空を（　　　）。
12. 屋上から町を（　　　）。

3

| 裏切る | 引き止める | 見つめる | ひっくり返る | 引っ張る |
| 払い戻す | 引き返す | 横切る | 物語る | |

1. 余った費用を（　　　）。
2. 出発点に（　　　）。
3. 友人を遅くまで（　　　）。
4. 足を滑らせて（　　　）。
5. 子どもが母親の服を（　　　）。
6. 道路を犬が（　　　）。
7. 涙ながらに半生を（　　　）。
8. 自分の利益のために、友だちを（　　　）。
9. 相手の顔をじっと（　　　）。

4

| 取り入れる | 近づく | 近寄る | 見直す | 呼び出す | 飛び出す |
| 取り出す | 追いかける | 言い付ける | 払い込む | 呼びかける | 取り消す |

1. 財布をバッグから（　　　）。
2. 彼の意見をプランに（　　　）。
3. 危険な場所に（　　　）。
4. 出発時間が（　　　）。
5. 税金をコンビニで（　　　）。
6. 理想をいつまでも（　　　）。
7. 用事を子どもに（　　　）。
8. 答案をもう一度（　　　）。
9. 通行人に寄付を（　　　）。
10. 問題の多い生徒の親を学校に（　　　）。
11. 父とけんかをして家を（　　　）。
12. 新卒の学生の内定を（　　　）。

5

| 追い越す | 張り切る | 付き合う | 思い込む | 打ち合わせる |
| 通り過ぎる | 締め切る | 飛び込む | 支払う | |

1. 卒業式の進行について（　　　）。
2. 自分には才能があると（　　　）。
3. ゴール前で２人のランナーを（　　　）。
4. 交通費を全額（　　　）。
5. 願書の受け付けを今月末で（　　　）。
6. 近所の人と親しく（　　　）。
7. パトカーが家の前を（　　　）。
8. 春から新しい生活に（　　　）。
9. レギュラーに選ばれて（　　　）。

6

| 目指す | 引き受ける | 申し込む |
| 持ち上げる | 取り上げる | 見送る |

1. 生徒会長を進んで（　　　）。
2. 空港で帰国する友人を（　　　）。
3. 彼女に思い切って結婚を（　　　）。
4. 講演で都市の水問題を（　　　）。
5. 来年の春までに新しいビルの完成を（　　　）。
6. 重い荷物を軽々と（　　　）。

복합명사

受け取り 수령, 영수증, 인수증
打ち合わせ 미리 상의함, 회의
売り上げ 매상, 판매액
売り切れ 품절, 매진
売れ行き 팔림새
書き取り 베껴 씀, 받아쓰기
貸し出し 대출
着替え 옷을 갈아입음
組み合わせ 짜맞추기, 편성
心当たり 짐작 가는 데

下書き 초고, 초안
知り合い 서로 앎, 아는 사이
好き嫌い 좋아함과 싫어함, 편식
付き合い 교제, 사귐
突き当たり 막다른 곳, 맞닥뜨림
出入り 출입, 드나듦
出来上がり 다 됨, 완성됨
出迎え 마중
問い合わせ 조회, 문의
仲直り 화해

乗り換え 갈아 탐
乗り越し 타고 가다 하차 역을 지나침
日当たり 볕이 듦, 양달
日帰り 당일치기
引き分け 무승부, 비김
踏み切り 건널목, 결단
見かけ 겉보기, 외관
見出し 표제, 목차

問題 : ☐의 중에서 ( )에 入る 適切한 名詞를 選びなさい。

1

| 見かけ | 売り上げ | 書き取り | 日帰り | 受け取り |
| 問い合わせ | 着替え | 組み合わせ | 売り切れ | |

1. 漢字の（　　　　）試験が毎朝行われる。
2. すぐに汗をかくので（　　　　）がたくさん必要だ。
3. 人気のケーキはもう（　　　　）だった。
4. 空席があるか（　　　　）をする。
5. 試合の（　　　　）が決まる。
6. この書類の（　　　　）にはサインがいる。
7. 新商品の（　　　　）が伸びない。
8. 彼女は（　　　　）と違ってかなり気が強い。
9. 温泉に（　　　　）で旅行に行く。

2

| 打ち合わせ | 売れ行き | 知り合い | 好き嫌い | 付き合い |
| 突き当たり | 出入り | 貸し出し | 出迎え | 引き分け |

1. 喫茶店で（　　　　）をする。
2. この家は人の（　　　　）が多い。
3. まっすぐ行って（　　　　）を右に曲がる。
4. 彼は（　　　　）の悪い男だ。
5. あの人は私の古い（　　　　）です。
6. この子は食べ物の（　　　　）が多い。
7. この本は（　　　　）禁止です。
8. ビールの（　　　　）がとてもいい。
9. 勝負は（　　　　）に終わった。
10. 空港に（　　　　）の車が来る。

3

| 乗り換え | 乗り越し | 踏み切り | 見出し | 出来上がり |
| 仲直り | 心当たり | 下書き | 日当たり | |

1. けんか相手と（　　　　）できた。
2. 電車が通ってから（　　　　）を渡る。
3. 彼がなぜ自殺したのか（　　　　）がない。
4. 作品の（　　　　）には満足している。
5. まず新聞の（　　　　）をチェックする。
6. 電車でぼんやりして（　　　　）をしてしまった。
7. メールの（　　　　）をフォルダに保存する。
8. 南向きの部屋で（　　　　）がいい。
9. この切符は（　　　　）が自由にできる。

い형용사

정답 → 부록 p.75~76

あつかましい 뻔뻔하다
危うい 아슬아슬하다, 위험하다
あやしい 신비스럽다, 이상하다
あらい 거칠다, 난폭하다
ありがたい 고맙다, 다행스럽다
慌ただしい 분주하다
薄暗い 조금 어둡다
うらやましい 부럽다, 샘이 나다
幼い 어리다, 유치하다
おしい 아깝다
恐ろしい 무섭다, 불안하다
おとなしい 얌전하다, 온순하다
おめでたい 경사스럽다, 어수룩하다
思いがけない 뜻밖이다, 의외다
賢い 현명하다, 약삭빠르다
かゆい 가렵다
かわいらしい 귀엽다, 사랑스럽다
きつい 기질이 강하다, 심하다

清い 맑다, 결백하다
くどい 집요하다, (맛이)느끼하다
悔しい 분하다, 후회스럽다
詳しい 자세하다, 잘 알고 있다
険しい 가파르다, 험난하다
濃い 진하다
恋しい 그립다
騒がしい 소란스럽다, 뒤숭숭하다
しつこい 개운하지 않다, 끈덕지다
ずうずうしい 뻔뻔스럽다
すっぱい 시큼하다, 시다
ずるい 교활하다, 약삭빠르다
鋭い 날카롭다, 예민하다
騒々しい 시끄럽다, 떠들썩하다
そそっかしい 조심성이 없다,
　　　　　　　덜렁대다
頼もしい 믿음직하다
つらい 괴롭다, 가혹하다

とんでもない 뜻밖이다, 당치도 않다
懐かしい 그립다, 정겹다
憎い 밉다
憎らしい 얄밉다, 밉살스럽다
のろい 둔하다, 느리다
ばからしい 바보스럽다, 터무니없다
はなはだしい 대단하다, 격심하다
等しい 동일하다, 마찬가지이다
まぶしい 눈부시다
みっともない 보기 싫다, 꼴사납다
醜い 추하다, 못생기다
めんどうくさい 몹시 귀찮다,
　　　　　　　　성가시다
もったいない 황송하다, 아깝다
やかましい 시끄럽다, 번거롭다
ゆるい 느슨하다, 헐겁다
若々しい 젊디젊다

問題：☐の中から（　）に入る適切な形容詞を選びなさい。

1

あやしい	うらやましい	恐ろしい	おしい	恋しい
おとなしい	かわいらしい	詳しい	険しい	

① （　　）山道をゆっくり登る。
② 彼は土地の歴史にとても（　　）。
③ 裏通りで（　　）人物を見かける。
④ そんなことをしている時間が（　　）。
⑤ 故郷の両親が（　　）。
⑥ あの子は（　　）性格で、いつも1人で遊んでいる。
⑦ 希望の学校に入れた友人が（　　）。
⑧ 彼女は（　　）服が似合う。
⑨ 何だか失敗しそうで（　　）。

2

くどい	騒々しい	そそっかしい	頼もしい	憎らしい
ばからしい	はなはだしい	等しい	まぶしい	若々しい

① また携帯をなくすなんて（　　）人だ。
② 子どものくせに大人をからかうなんて（　　）子だ。
③ 選挙で世間が（　　）。
④ 彼はたった1人の（　　）味方だ。
⑤ 他人の目を気にしすぎるなんて（　　）。
⑥ あの人の話はいつも（　　）ので困る。
⑦ 今回の地震の被害は（　　）。
⑧ 車のライトが目に入って（　　）。
⑨ （　　）条件のもとで実験を繰り返す。
⑩ 母はいつも（　　）服装をしている。

3

やかましい	もったいない	思いがけない	ゆるい	賢い
しつこい	騒がしい	すっぱい	醜い	

① 夜間工事の音が（　　）。
② ある日、国から（　　）人が訪ねて来た。
③ まだ使えるものを捨てるなんて（　　）。
④ 彼は幼いときから（　　）子だと評判だった。
⑤ このレモンはとても（　　）。
⑥ 山は崩れて（　　）姿となってしまった。
⑦ このズボンは少し（　　）。
⑧ この料理は油が（　　）。
⑨ 外が（　　）が、何があったんだろう。

4

| かゆい | 憎い | 濃い | 清い | あつかましい | 幼い |
| 悔しい | あらい | ずるい | みっともない | 慌ただしい | つらい |

1 (　　　) お願いで恐縮です。
2 用事が多くて (　　　) 1日だった。
3 試合に負けてとても (　　　)。
4 病気で苦しむ子どもを見ているのは (　　　)。
5 彼はいまだに精神的に (　　　)。
6 こんな問題ができないなんて (　　　)。
7 彼女の化粧はかなり (　　　)。
8 この会社は人使いが (　　　)。
9 蚊にくわれたところが (　　　)。
10 母は優しくて (　　　) 心の持ち主だった。
11 今になって逃げ出すなんて (　　　)。
12 私を裏切った男が (　　　)。

5

| きつい | のろい | ずうずうしい | 危うい | 薄暗い | とんでもない |
| ありがたい | おめでたい | 懐かしい | めんどうくさい | | 鋭い |

1 あんな失敗をして平気だなんて (　　　) にもほどがある。
2 親をだますなんて (　　　) 息子だ。
3 駅の階段は老人の足には (　　　)。
4 留学生だった時代が (　　　)。
5 彼は何をやらせても (　　　)。
6 (　　　) ところを助けられた。
7 旅行に出かける直前、(　　　) ことに雨が止んだ。
8 あんなうそを信じるなんて君もかなり (　　　) ね。
9 朝、まだ (　　　) うちに起きてジョギングをする。
10 親せきとの付き合いは (　　　) ことがある。
11 犯人は目つきの (　　　) 男だった。

な형용사

정답 → 부록 p.76~79

問題1:(　　)に読みを入れなさい。

おおざっぱな 대략적인, 조잡한　　けちな 인색한, 쩨쩨한　　なだらかな 완만한, 온화한
おおまかな 대범한　　　　　　　さわやかな 산뜻한, 명쾌한　　のんきな 느긋한, 무사태평한
おだやかな 평온한, 차분한　　　ぜいたくな 사치스러운, 분에 넘친　ひきょうな 비겁한
おしゃべりな 수다스러운　　　　でたらめな 엉터리, 아무렇게나 한　わずかな 근소한

明らかな	(　　)らかな	下品な	(　　)な
安易な	(　　)な	厳重な	(　　)な
安心な	(　　)な	強引な	(　　)な
安全な	(　　)な	幸運な	(　　)な
意外な	(　　)な	高価な	(　　)な
偉大な	(　　)な	豪華な	(　　)な
温暖な	(　　)な	高級な	(　　)な
快適な	(　　)な	高等な	(　　)な
過剰な	(　　)な	公平な	(　　)な
格別な	(　　)な	最高な	(　　)な
勝手な	(　　)な	最低な	(　　)な
完全な	(　　)な	地味な	(　　)な
簡単な	(　　)な	重大な	(　　)な
奇妙な	(　　)な	重要な	(　　)な
急速な	(　　)な	主要な	(　　)な
器用な	(　　)な	純粋な	(　　)な
強力な	(　　)な	順調な	(　　)な
巨大な	(　　)な	消極的な	(　　)な
気楽な	(　　)な	上品な	(　　)な

真剣な	(　　　　)な	必要な	(　　　　)な
深刻な	(　　　　)な	皮肉な	(　　　　)な
新鮮な	(　　　　)な	微妙な	(　　　　)な
慎重な	(　　　　)な	平等な	(　　　　)な
垂直な	(　　　　)な	不規則な	(　　　　)な
水平な	(　　　　)な	複雑な	(　　　　)な
素直な	(　　　　)な	不潔な	(　　　　)な
正確な	(　　　　)な	不思議な	(　　　　)な
清潔な	(　　　　)な	不自由な	(　　　　)な
正式な	(　　　　)な	不正な	(　　　　)な
積極的な	(　　　　)な	不透明な	(　　　　)な
絶対的な	(　　　　)な	不便な	(　　　　)な
相当な	(　　　　)な	不満な	(　　　　)な
率直な	(　　　　)な	不利な	(　　　　)な
粗末な	(　　　　)な	平凡な	(　　　　)な
大切な	(　　　　)な	膨大な	(　　　　)な
妥当な	(　　　　)な	豊富な	(　　　　)な
短気な	(　　　　)な	満足な	(　　　　)な
単純な	(　　　　)な	無理な	(　　　　)な
強気な	(　　　　)な	明確な	(　　　　)な
的確な	(　　　　)な	迷惑な	(　　　　)な
適切な	(　　　　)な	面倒な	(　　　　)な
適度な	(　　　　)な	厄介な	(　　　　)な
透明な	(　　　　)な	有効な	(　　　　)な
得意な	(　　　　)な	優秀な	(　　　　)な
特殊な	(　　　　)な	有能な	(　　　　)な
独特な	(　　　　)な	有利な	(　　　　)な
生意気な	(　　　　)な	容易な	(　　　　)な
熱心な	(　　　　)な	陽気な	(　　　　)な
派手な	(　　　　)な	幼稚な	(　　　　)な

余計な　　　（　　　　　）な　　　　　利口な　　　（　　　　　）な

乱暴な　　　（　　　　　）な　　　　　冷静な　　　（　　　　　）な

問題２：　　　の中から（　　）に入る適切な形容詞を選びなさい。

1

| おおまかな　　おだやかな　　ぜいたくな　　ひきょうな |
| のんきな　　　でたらめな　　なだらかな |

① （　　　　）人柄の上司はみなにしたわれている。
② まず（　　　　）計画を立ててください。
③ 大都会での（　　　　）暮らしにあこがれる。
④ 自分の失敗を人のせいにするなんて（　　　　）人だ。
⑤ 退職して、今は（　　　　）身分です。
⑥ そんな（　　　　）情報をだれが流したのか。
⑦ （　　　　）坂を景色を見ながらゆっくりのぼる。

2

| 下品な　　幸運な　　意外な |
| 単純な　　過剰な　　温暖な |

① 彼は（　　　　）性格なのでだまされやすい。
② 道で（　　　　）人物と出会った。
③ この島の1年中（　　　　）気候が気に入った。
④ また宝くじに当たるなんて何と（　　　　）人だ。
⑤ そんな（　　　　）言葉は使うものではない。
⑥ 彼女には自信（　　　　）ところがある。

3

| 垂直な | 水平な | 偉大な | 奇妙な | 器用な |
| 快適な | 重大な | 新鮮な | 上品な | 急速な |

1 彼は医学上（　　　）功績を残した。
2 リゾートホテルで（　　　）1日を過ごした。
3 彼は最近（　　　）行動が目立つ。
4 事件の（　　　）解決に驚く。
5 あせって（　　　）ミスをしてしまった。
6 母は手先がとても（　　　）人だ。
7 彼女はとても（　　　）顔立ちをしている。
8 横に（　　　）線を引いてください。
9 （　　　）野菜を市場で買う。
10 この（　　　）崖を登れば山頂だ。

4

| 真剣な | 重要な | 順調な | 地味な | 強気な |
| 正確な | 格別な | 平等な | 不潔な | |

1 今日はこれといった（　　　）ニュースはない。
2 会社の（　　　）地位に就く。
3 この地図には（　　　）昔の町並みが描かれている。
4 夫はきわめて（　　　）出世をした。
5 あの子はいつも（　　　）色の服を着ている。
6 授業を受ける学生の（　　　）態度に好印象を持つ。
7 この成績であの大学を受けるとは、かなり（　　　）学生だ。
8 関係者全員に利益の（　　　）分配をした。
9 食品を（　　　）手でさわってはいけない。

5

| 不自由な | 有利な | 絶対的な | 消極的な |
| 複雑な | 不思議な | 面倒な | 平凡な |

1 社長は（　　　）権力をもっている。
2 そんな（　　　）姿勢では相手に勝てない。
3 私はいつもお金に（　　　）生活をしている。
4 彼の占いは（　　　）ほどよく当たる。
5 期待と不安が入りまじった（　　　）気持ちになる。
6 今回もまた（　　　）成績に終わる。
7 役所の（　　　）手続きにうんざりする。
8 我が社に（　　　）条件で契約する。

6

| 幼稚な | 冷静な | 勝手な | 豪華な |
| 不透明な | 不規則な | 容易な | |

① 彼女は精神的にかなり（　　　）女性だ。
② このメンバーで優勝するのは（　　　）ことではない。
③ どんな状況にあっても（　　　）行動をする。
④ ボーナスが出たので（　　　）食事をする。
⑤ （　　　）生活のせいで体調を崩す。
⑥ 彼の（　　　）行動がチームワークを乱してしまった。
⑦ この事件には（　　　）部分が多い。

7

| 明らかな | さわやかな | 完全な | おしゃべりな | けちな |
| 安易な | おおざっぱな | 厄介な | 安心な | わずかな |

① とりあえず（　　　）計画を立てる。
② （　　　）彼女はまたうわさ話をしている。
③ （　　　）友人がめずらしくおごってくれた。
④ この花は（　　　）香りがする。
⑤ 隣人との間に（　　　）問題が起きた。
⑥ （　　　）収入でなんとか生活している。
⑦ あの２人の能力には（　　　）差がある。
⑧ そんな（　　　）考えでは成功は望めない。
⑨ 無農薬の（　　　）野菜を買う。
⑩ （　　　）人間なんているはずがない。

8

| 強引な | 公平な | 安全な | 高価な | 巨大な |
| 簡単な | 高等な | 厳重な | 強力な | 気楽な |

① 台風が来たらすぐ（　　　）場所に避難してください。
② こんな（　　　）問題も解けないんですか。
③ 割れたお皿を（　　　）接着剤でくっつける。
④ この湖で（　　　）魚が発見された。
⑤ 会社を辞め自給自足の（　　　）生活がしたい。
⑥ 税関で手荷物の（　　　）検査をされた。
⑦ 政府の（　　　）増税計画に反対する。
⑧ あの婦人は見るからに（　　　）コートを着ている。
⑨ （　　　）専門技術を身につける。
⑩ （　　　）立場の人の意見を参考にする。

9

| 適切な | 慎重な | 素直な | 積極的な | 深刻な |
| 高級な | 短気な | 最低な | 主要な | 相当な |

1. この町でいちばん（　　　）ホテルに泊まる。
2. あいつは平気で人を裏切る（　　　）やつだ。
3. これが本日の会議の（　　　）議題です。
4. 環境破壊は世界中で（　　　）問題になっている。
5. この荷物はそんなに（　　　）扱いをしなくても大丈夫ですよ。
6. あの子は小さいときから親の言うことをきく（　　　）子だった。
7. 何にでもチャレンジする（　　　）生き方をしたい。
8. 留学するには（　　　）費用がかかる。
9. （　　　）人はすぐ頭に血がのぼる。
10. コーチは選手に（　　　）アドバイスをした。

10

| 特殊な | 得意な | 粗末な | 大切な | 透明な |
| 熱心な | 派手な | 率直な | 必要な | 的確な |

1. みなさまの（　　　）ご意見をお聞かせください。
2. 小屋には（　　　）作りのベッドが1つあるだけだった。
3. このサインボールは私の（　　　）宝物です。
4. 船長の（　　　）判断で嵐を乗り切れた。
5. この美術館は壁に（　　　）素材を使っていてとても明るい。
6. 大学に合格して（　　　）気持ちになる。
7. あの映画は（　　　）技術を使って撮影された。
8. 父は教育（　　　）人だった。
9. 昨夜、母と（　　　）親子げんかをしてしまった。
10. 入学時に（　　　）書類をそろえる。

11

| 独特な | 不便な | 正式な | 微妙な | 膨大な |
| 清潔な | 皮肉な | 妥当な | 適度な | 不正な |

1. そんな（　　　）言い方は止めてほしい。
2. 健康のため、毎日（　　　）運動をする。
3. 紹介された先輩は（　　　）印象の人だった。
4. 選挙は予想通りの（　　　）結果であった。
5. 両者の間には（　　　）感情のずれがある。
6. 裏で（　　　）取り引きが行われた。
7. 両親は交通の（　　　）場所に住んでいる。
8. 恩師の（　　　）研究資料を読む。
9. この絵はいかにも彼らしい（　　　）味がある。
10. 入社のための（　　　）手続きをする。

12

| 有効な | 利口な | 不利な | 豊富な |
| 生意気な | 有能な | 不満な | 満足な |

1. 何かご（　　　）点がございますか。
2. 前の会社より（　　　）条件で再就職した。
3. この件は（　　　）経験のある彼にまかせよう。
4. 何ひとつ不自由のない（　　　）生活をしている。
5. 子どものくせに大人に向かって（　　　）口をきく。
6. 彼女は気がきく（　　　）秘書だ。
7. 飼い主の言うことをよく聞く（　　　）犬がほしい。
8. 事件解決のための（　　　）手段を探す。

13

| 陽気な | 迷惑な | 優秀な | 余計な |
| 明確な | 乱暴な | 無理な | |

1. 大統領はすぐ（　　　）判断を下した。
2. 彼ほど（　　　）技術者はそういない。
3. （　　　）島民に歌と踊りで歓迎された。
4. 私が結婚しようとしまいと（　　　）お世話だ。
5. あの力士はこの町でいちばんの（　　　）少年だった。
6. 自分の好みを押しつけられるのは（　　　）話だ。
7. どう考えても若い彼には（　　　）仕事だ。

부사・의성어・의태어 등

정답 → 부록 p.79~81

「〜り」

いきなり 갑자기, 느닷없이
うっかり 깜빡, 무심코
ぎっしり 빈틈없이 가득 차 있는 모양, 가득
こっそり 남몰래, 살짝
さっぱり 산뜻이, 후련하게
すっきり 말쑥이, 산뜻이
ずらり 잇달아 늘어선 모양
たっぷり 잔뜩, 충분히
のんびり 유유히, 태평스레
ばったり 털썩, 뜻밖에 마주치는 모양
ぴたり 딱, 뚝
ぴったり 꽉, 꼭
ぼんやり 어렴풋이, 망연히

「〜に」

いまに 아직도, 머지않아
一度(いちど)に 한번에, 동시에
いっせいに 일제히
おおいに 대단히, 많이
現(げん)に 실제로, 눈앞에
じかに 직접
しきりに 자꾸만, 몹시
実(じつ)に 실로, 참으로
ただちに 즉시, 바로
たまに 드물게, 이따금
単(たん)に 단순히, 그저

とたんに 하자마자
とっくに 훨씬 전에
まさに 확실히, 바로
めったに 좀처럼
ようするに 요컨대, 결국
わりに 예상외로, 비교적

「〜と」

きちんと 깔끔히, 말쑥히
さっさと 후딱후딱, 재빠르게
ざっと 대강, 간략하게
じっと 꼼짝 않고, 가만히
すっと 훌쩍
せっせと 부지런히, 열심히
そっと 살그머니, 몰래
どっと 여럿이 한꺼번에 소리내는 모양
わざと 일부러, 고의로
わりと 비교적, 상당히

의성어・의태어・그 외

いきいき 생기가 넘치는 모양
いちいち 일일이, 빠짐없이
いよいよ 더욱 더, 마침내
うろうろ 어슬렁어슬렁
おのおの 각자, 각각
しばしば 자주, 여러 차례
せいぜい 열심히, 기껏해야

続々(ぞくぞく) 잇달아, 끊임없이

それぞれ 저마다, 각각

たびたび 번번이, 여러 번

たまたま 가끔, 마침

近々(ちかぢか) 머잖아, 아주 가깝게

着々(ちゃくちゃく) 착착, 척척

とうとう 드디어, 마침내

のろのろ 느릿느릿, 굼뜨게

はきはき 시원시원, 또렷또렷, 확실한 모양

ぴかぴか 반짝반짝, 번쩍번쩍

広々(ひろびろ) 널찍이, 널따랗게

ぶつぶつ 중얼중얼, 투덜투덜

ふわふわ 푹신푹신, 둥실둥실

まあまあ 자자, 하여간에

ますます 더욱 더, 점점 더

めいめい 각자, 제각기

もともと 원래, 본디

  *

あいにく 공교롭게도, 마침

あくまで 끝까지, 철저히

いくぶん 얼마간, 조금

いずれ 어차피, 머지않아

一応(いちおう) 대충, 우선은

いっそう 한층 더, 더욱

一体(いったい) 도대체

いったん 일단, 우선

いまにも 당장에라도, 곧

いわば 말하자면, 이를테면

おそらく 아마, 틀림없이

ごく 극히, 매우

再三(さいさん) 두세 번, 여러번

幸(さいわ)い 다행히

始終(しじゅう) 항상, 언제나

少々(しょうしょう) 약간, 잠깐

せっかく 모처럼, 일부러

せめて 하다못해, 적어도

相当(そうとう) 꽤, 적잖이

それほど 그렇게, 그다지

たいして 그다지, 별로

多少(たしょう) 다소, 꽤

どうせ 어차피, 이왕에

なにしろ 여하튼, 아무튼

なにぶん 아무쪼록, 여러 가지로

なんとも 아무렇지도

年中(ねんじゅう) 언제나, 일년 내내

ひとまず 우선, 일단

ふと 문득, 우연히

ほぼ 거의, 대략

本来(ほんらい) 본래, 원래

まるで 전혀, 전연

むしろ 오히려, 차라리

やや 약간, 다소

問題：☐の中から（　）に入る適切な言葉を選びなさい。

1

| ぴたり | いきなり | ぎっしり | たっぷり | うっかり |
| こっそり | ばったり | すっきり | めいめい | |

1. 約束を（　　）忘れてしまう。
2. 予想が（　　）と当たる。
3. 夜中に、見つからないよう（　　）家を出る。
4. 入場券は（　　）で買ってください。
5. 赤ちゃんは（　　）大声で泣き出した。
6. スケジュールが（　　）詰まる。
7. 睡眠を（　　）とって、疲れを取る。
8. 十分休んで頭が（　　）する。
9. 夜は人通りが（　　）途絶える。

2

| まさに | 単に | しきりに | じかに | めったに |
| とっくに | 実に | 現に | わりに | ただちに |

1. ふるさとが（　　）恋しく思い出される。
2. 冬山は危険で、（　　）何人もの人が死んでいる。
3. （　　）自分の好奇心から調べてみた。
4. 週末なのに店は（　　）すいている。
5. これは（　　）見られないめずらしい光景だ。
6. 終電なら（　　）出てしまいましたよ。
7. 海外の取引先と（　　）交渉する。
8. 彼は（　　）よく気のつく男だ。
9. 出血多量で（　　）命を落とすところだった。
10. ご連絡くだされば（　　）かけつけます。

3

| そっと | どっと | すっと | じっと |
| ざっと | せっせと | ふと | きちんと |

1. （　　）アイデアを思い付く。
2. パーティーには（　　）100人が参加した。
3. 大仕事が終わって（　　）疲れが出た。
4. 結果が気になって（　　）していられない。
5. 不満をきいてもらって胸が（　　）した。
6. わき目もふらずに（　　）働く。
7. 気付かれないように（　　）涙をふく。
8. （　　）した服装の紳士が訪ねてきた。

4

それぞれ	とうとう	いきいき	せいぜい
続々	たびたび	うろうろ	いよいよ

1. この作品は人々の生活を（　　　　）と描いている。
2. 台風の接近とともに（　　　　）風雨が強くなってきた。
3. 盛り場を（　　　　）するのはやめなさい。
4. 人の好みは（　　　　）違う。
5. どうがんばっても１カ月に１万円貯金するのが（　　　　）だ。
6. 開店と同時に（　　　　）と客がやってきた。
7. 最近（　　　　）忘れ物をする。
8. ずっと待っていたのに彼女は（　　　　）姿を見せなかった。

5

おのおの	ふわふわ	いちいち	ぴかぴか	しばしば
ぶつぶつ	もともと	のろのろ	ずらり	

1. 商品を店頭に（　　　　）と並べる。
2. この地方は（　　　　）台風に見舞われる。
3. 道路の渋滞で（　　　　）運転が続く。
4. （　　　　）の新車に乗る。
5. 雲が（　　　　）浮かんでいる。
6. 彼は（　　　　）うそつきだった。
7. 課長はいつも１人で（　　　　）文句を言っている。
8. どの作品も（　　　　）よくできている。
9. 彼はどんなことにも（　　　　）文句をつける。

6

近々	少々	一体	一度に
年中	一応	再三	いっそう

1. 先生、（　　　　）翻訳しましたが、確認していただけますか。
2. みなさんの（　　　　）の努力を望みます。
3. その話なら、母から（　　　　）聞かされてうんざりしています。
4. （　　　　）彼は今後どうするつもりなのか。
5. （　　　　）いろいろ言われても、私にはできません。
6. （　　　　）忠告したのに、彼は耳を貸さなかった。
7. 友人が（　　　　）婚約を発表するそうだ。
8. もう（　　　　）お待ちください。

7

むしろ	ごく	どうせ	やや
まるで	いわば	せめて	ほぼ

1. この町は（　　　）日本の京都のような所だ。
2. （　　　）私にだけでも打ち明けてほしかった。
3. それでは試合というより（　　　）けんかだ。
4. 酔ってたせいか昨日のことは（　　　）覚えていない。
5. そんなことはこの町では（　　　）ありふれた事件だ。
6. 開演1時間前に客席は（　　　）満員となった。
7. 出演者たちは（　　　）緊張していた。
8. 人間は（　　　）いつかは死ぬのだから、楽しく生きたい。

8

なにしろ	幸い	ひとまず	おそらく	いくぶん
なにぶん	本来	なんとも	いったん	いっせいに

1. まだ（　　　）痛みが残っています。
2. （　　　）封を開けたら返品できない。
3. （　　　）彼はひどく怒っているだろう。
4. （　　　）よろしく頼みます。
5. この映画、（　　　）おもしろいんですよ。
6. 病人の意識が戻ったので、（　　　）安心だ。
7. これは（　　　）、我々がやるべき仕事だ。
8. （　　　）言えないよい香りがする。
9. 木から落ちたが、（　　　）たいしたけがもなかった。
10. 桜が（　　　）咲き出した。

9

のんびり	いまに	ぴったり	たまに	さっさと
とたんに	ようするに	さっぱり	おおいに	

1. シャワーを浴びて（　　　）する。
2. 休みの日は自宅で（　　　）過ごす。
3. 予想が（　　　）当たる。
4. 親の深い愛情が（　　　）わかるだろう。
5. 今夜は（　　　）飲もうではないか。
6. 故郷には（　　　）しか帰れない。
7. お土産をもらった（　　　）機嫌がよくなった。
8. （　　　）君はこの案に反対なんだね。
9. （　　　）歩かないと、電車に乗り遅れてしまうよ。

10

わりと	わざと	あくまで	あいにく	たいして
はきはき	広々	ますます	ぼんやり	着々

1. 遠くに富士山が（　　　）見える。
2. 決して（　　　）負けたんじゃありません。
3. 試験の結果は（　　　）よくて、ほっとした。
4. もっと（　　　）しなさいと、母にしかられる。
5. ホテルの（　　　）した庭でくつろぐ。
6. 市民マラソンの参加者は（　　　）増えている。
7. （　　　）その日は都合がつきません。
8. その道路計画には（　　　）反対するつもりだ。
9. 目的地まで（　　　）時間はかからなかった。
10. 新しい空港は（　　　）と完成に近づいている。

11

いずれ	ふと	いまにも	相当	多少
せっかく	それほど	たまたま	まあまあ	終始

1. （　　　）事故が起こった場所にいた。
2. あまり勉強しなかったにしては（　　　）の成績だった。
3. 太陽が（　　　）水平線に沈もうとしている。
4. 彼は（　　　）若かったころの自慢話ばかりしている。
5. （　　　）の誘いを断るなんて。
6. 今度の相手は（　　　）強いから覚悟しなさい。
7. （　　　）欲しいならあなたに差し上げましょう。
8. （　　　）気がつくと、誰もいなくなっていた。
9. （　　　）のわがままなら許してあげる。
10. あの2人は（　　　）別れるだろうね。

가타카나어

정답 → 부록 p.81~83

アイデア 아이디어
アウト 아웃, 바깥
アクセント 악센트
イコール 이퀄, 같은
イメージ 이미지
インタビュー 인터뷰
エネルギー 에너지, 힘
オーバー 오버, 초과함
オープン 오픈
オフィス 오피스
カーブ 커브, 굽은 곳
カバー 커버, 덮개
カロリー 칼로리
キャンセル 캔슬, 취소
クラシック 클래식
クラブ 클럽
グラフ 그래프
グループ 그룹
ケース 케이스, 상자, 경우
コース 코스
ゴール 골, 결승점
コミュニケーション 커뮤니케이션
コレクション 컬렉션
コンクール 콩쿠르, 경연회
サークル 서클, 동호회
サービス 서비스
サイン 신호, 서명

サンプル 샘플
シーズン 시즌
システム 시스템
ジャーナリスト 저널리스트
ショップ 숍, 가게
シリーズ 시리즈
シンプル 심플
スクール 학교
スケジュール 스케줄
スタート 스타트
スタイル 스타일
ストップ 스톱, 멈춤
スピーチ 스피치, 연설
セット 세트
ゼミ 세미나
セミナー 세미나
センター 센터
チェック 체크, 수표
チャンス 찬스, 기회
デート 데이트
テーマ 테마, 주제
テクニック 테크닉, 기술
デザイン 디자인
デメリット 결점, 단점
トップ 톱, 첫째
トレーニング 트레이닝, 연습
ナンバー 넘버, 숫자
ノック 노크

パーセント 퍼센트
ハード 딱딱함, 엄격함
パス 패스, 통과
パターン 패턴
バランス 밸런스, 균형
ハンサム 핸섬, 미남
プライバシー 프라이버시
プラス 플러스
プラン 플랜, 계획
フリー 자유로움, 무료
プリント 프린트
フレッシュ 프레시, 신선함
プロ 프로, 전문가
プログラム 프로그램
ベース 베이스, 기본
ペース 페이스, 보조
ベテラン 베테랑
ボーナス 보너스
ホーム 홈, 우리집
マーケット 마켓, 시장
マイナス 마이너스
マイペース 마이 페이스
マスター 마스터
ミーティング 미팅
メリット 메리트, 이점
モダン 모던, 현대적
モデル 모델
ユーモア 유머

ライトアップ 라이트 업, 야간조명을 켬
ラッシュアワー 러시아워
ランチ 런치

ランニング 러닝, 달리기
レクリエーション 레크리에이션
レベル 레벨, 수준

レンタル 렌털, 임대
ロッカー 로커, 보관함
ロビー 로비

問題： ｜＿＿＿｜の中から（　　）に入る適切なカタカナ語を選びなさい。

1

| ストップ　　サイン　　ゴール　　セット　　トレーニング |
| インタビュー　スタート　スピーチ　プリント |

1. 卒業生を代表して、式で（　　　　）する。
2. 目覚まし時計を（　　　　）して寝る。
3. 試合後、記者が選手に（　　　　）をした。
4. 新学期がいよいよ（　　　　）する。
5. マラソン選手が、世界新記録で（　　　　）する。
6. 人身事故で電車が（　　　　）する。
7. ジムに通って（　　　　）をする。
8. 宅配便の受け取りに名前を（　　　　）する。
9. 旅行の日程表を（　　　　）して配る。

2

| プログラム　ノック　パス　ライトアップ |
| サービス　マスター　カーブ　オープン |

1. 川はゆるやかに（　　　　）して流れる。
2. ランチタイムは飲み物が（　　　　）される。
3. ドアを（　　　　）したが、返事がない。
4. 予選は簡単に（　　　　）した。
5. 出演者の都合で演奏会の（　　　　）が変更された。
6. 日本語を短期間で絶対に（　　　　）する。
7. タワーを（　　　　）する。
8. 何でも（　　　　）に話し合いましょう。

3

| ベース | ペース | フリー | バランス | アウト |
| クラシック | プラン | オーバー | グラフ | セミナー |

1. (　　　) の記者として活躍する。
2. 旅行の (　　　) を練る。
3. いくつかの資料を (　　　) にして検討する。
4. (　　　) を崩して、転んでしまった。
5. 自分の (　　　) で仕事をする。
6. (　　　) なデザインの家具が好きだ。
7. あの俳優の演技は (　　　) だ。
8. サーブがおしくも (　　　) になる。
9. 気候の変化を (　　　) にする。
10. 大学受験の夏期 (　　　) に申し込む。

4

| ベテラン | マイナス | オフィス | ロッカー |
| スケジュール | ナンバー | レベル | ユーモア |

1. 車の (　　　) から犯人が捕まった。
2. 今月は (　　　) がぎっしり詰まっている。
3. 自宅の一部を (　　　) として使う。
4. 営業の (　　　) の彼は会社の信頼があつい。
5. 今、転職すると彼には (　　　) になる。
6. あの先生は (　　　) たっぷりに話をする。
7. 国民の生活 (　　　) は急速に上がった。
8. 貴重品は (　　　) に入れてください。

5

| カバー | キャンセル | クラブ | イコール | エネルギー |
| アイデア | イメージ | アクセント | カロリー |

1. 新しい商品の (　　　) を出し合う。
2. 地味なスーツに派手なネクタイで (　　　) をつける。
3. 彼の場合、仕事 (　　　) 趣味と言える。
4. 髪型を変えたら (　　　) ががらりと変わった。
5. 父は80歳を過ぎても仕事に (　　　) を傾けている。
6. 欠点を (　　　) する化粧法を学ぶ。
7. あの子は勉強より (　　　) 活動に力を入れている。
8. 病気で食事の (　　　) 制限をしている。
9. 直前で約束や予約を (　　　) することを「どたキャン」という。

6

| グループ | コレクション | コミュニケーション | サークル | ゼミ |
| ケース | コンクール | コース | サンプル | シーズン |

1. マラソンの（　　　）を下見する。
2. 5人の（　　　）に分けて面接する。
3. この（　　　）の優勝者は留学できる。
4. 化粧品の無料（　　　）をもらう。
5. 以前の事件と同じような（　　　）だ。
6. ある個人の美術品の（　　　）が公開される。
7. 学生時代、音楽の（　　　）に入っていた。
8. 地域の住民と（　　　）をはかる。
9. いよいよ花見の（　　　）を迎える。
10. あの教授の（　　　）は人気がある。

7

| システム | ジャーナリスト | ショップ | スクール | パターン |
| シリーズ | シンプル | スタイル | チェック | |

1. この通りにはかわいい（　　　）が並んでいる。
2. この学部の卒業生には有名な（　　　）が多い。
3. 余計な物を捨てて（　　　）に生きる。
4. （　　　）をよく見せる服を買う。
5. 会社の（　　　）に早く慣れたい。
6. 間違いを（　　　）する十分な時間がなかった。
7. クッキング（　　　）に通って、料理の基礎を学ぶ。
8. これは、その動物によく見られる行動（　　　）だ。
9. テレビの名画（　　　）を楽しんでいる。

8

| デート | トップ | テーマ | デザイン | センター |
| デメリット | パーセント | チャンス | テクニック | ハード |

1. 社会の急速な発展にはさまざまな（　　　）もある。
2. 会社の（　　　）会議で、この企画は認められた。
3. 彼女にやっと（　　　）を申し込む。
4. この食品は100（　　　）安全です。
5. 私の卒論の（　　　）は少子高齢化です。
6. 家具の（　　　）をする。
7. 大きな取引を決め出世の（　　　）をとうとうつかむ。
8. 文化（　　　）で開かれる教室に通う。
9. 若い職人は親方から伝統の（　　　）を教えてもらう。
10. （　　　）な練習に耐えた者だけが結果を出す。

9

| マイペース | プロ | プライバシー | マーケット | ハンサム |
| ボーナス | ホーム | ミーティング | フレッシュ | プラス |

1. 南国の(　　　)な果物が出回っている。
2. 夏の(　　　)を当てにして大きな買い物をする。
3. 国内(　　　)はこれ以上期待できない。
4. あの紳士、若いころはさぞ(　　　)だったことだろう。
5. 人の(　　　)には立ち入らない。
6. この契約は両者にとって(　　　)になる。
7. のんびりと(　　　)で山に登る。
8. この大会から(　　　)も参加できることになった。
9. 老人(　　　)で晩年を過ごす。
10. 月1回、朝食を食べながらの(　　　)がある。

10

| ランニング | モダン | モデル | ランチ | レンタル |
| メリット | ラッシュアワー | レクリエーション | ロビー | |

1. (　　　)を避けて、早く出勤する。
2. このダム建設には何の(　　　)もない。
3. 健康のため、毎日軽く(　　　)をしている。
4. 車を(　　　)して、名所を訪ねる。
5. このホテルは当時としてはかなり(　　　)だった。
6. この小説は実在の人物を(　　　)にしている。
7. このレストランの日替わり(　　　)は安くておいしい。
8. 職場の(　　　)でバス旅行に行く。
9. 友人とホテルの(　　　)で待ち合わせる。

복합어・파생어 등

정답 → 부록 p.84~87

問題：〔　　〕に共通して入る漢字１字を□から選び、（　　）に読みを入れなさい。

例　支配　　　　（しはいか　　　　）　　　姿勢　　（ていせい　　　）
　　水面〔下〕（すいめんか　　　　）〔低〕価格　（ていかかく　　）

1

| 化　街　外　界　観　員　館　費　園　層　感　率 |

1
　事務　　〔　　〕（　　　　　　）
　公務　　　　　　（　　　　　　）

2
　幼稚　　〔　　〕（　　　　　　）
　動物　　　　　　（　　　　　　）

3
　自由　　　　　　（　　　　　　）
　合理　　〔　　〕（　　　　　　）
　標準　　　　　　（　　　　　　）
　表面　　　　　　（　　　　　　）

4
　図書　　　　　　（　　　　　　）
　大使　　〔　　〕（　　　　　　）
　博物　　　　　　（　　　　　　）

5
　責任　　　　　　（　　　　　　）
　無力　　〔　　〕（　　　　　　）
　安定　　　　　　（　　　　　　）

6
　予想　　　　　　（　　　　　　）
　時間　　〔　　〕（　　　　　　）
　対象　　　　　　（　　　　　　）

7
　社交　　　　　　（　　　　　　）
　人間　　〔　　〕（　　　　　　）
　自然　　　　　　（　　　　　　）

8
　価値　　　　　　（　　　　　　）
　人生　　〔　　〕（　　　　　　）
　世界　　　　　　（　　　　　　）

9
　地下　　〔　　〕（　　　　　　）
　商店　　　　　　（　　　　　　）

10
　営業　　〔　　〕（　　　　　　）
　交際　　　　　　（　　　　　　）

11
　年齢　　　　　　（　　　　　　）
　中間　　〔　　〕（　　　　　　）
　読者　　　　　　（　　　　　　）

12
　出生　　　　　　（　　　　　　）
　失業　　〔　　〕（　　　　　　）
　視聴　　　　　　（　　　　　　）

37

2

| 者 | 性 | 的 | 料 | 戦 | 団 | 制 | 口 | 器 | 色 | 国 | 度 |

1
- 消火〔　〕（　　）
- 洗面　　（　　）

2
- 就職　　（　　）
- 出入〔　〕（　　）
- 改札　　（　　）
- 非常　　（　　）

3
- 具体　　（　　）
- 現実〔　〕（　　）
- 確実　　（　　）
- 将来　　（　　）

4
- 初心　　（　　）
- 保護〔　〕（　　）
- 歩行　　（　　）

5
- 長期〔　〕（　　）
- 公式　　（　　）

6
- 途上　　（　　）
- 産油〔　〕（　　）
- 先進　　（　　）

7
- 応援　　（　　）
- 消防〔　〕（　　）
- 実業　　（　　）

8
- 典型　　（　　）
- 定期〔　〕（　　）
- 現実　　（　　）

9
- 運送　　（　　）
- 使用〔　〕（　　）
- 手数　　（　　）

10
- 地方　　（　　）
- 天然〔　〕（　　）
- 国際　　（　　）

11
- 注目　　（　　）
- 知名〔　〕（　　）
- 好感　　（　　）

12
- 民主　　（　　）
- 共和〔　〕（　　）
- 選択　　（　　）
- 予約　　（　　）

3

| 体 圏 作 差 線 力 流 心 区 人 派 |

[1]
共同　　　　（　　　　）
自治〔　〕（　　　　）
連合　　　　（　　　　）

[2]
自己　〔　〕（　　　　）
西洋　　　　（　　　　）

[3]
記憶　　　　（　　　　）
抵抗　　　　（　　　　）
想像〔　〕（　　　　）
軍事　　　　（　　　　）
集中　　　　（　　　　）

[4]
代表〔　〕（　　　　）
処女　　　　（　　　　）

[5]
保護〔　〕（　　　　）
特別　　　　（　　　　）

[6]
個性　　　　（　　　　）
演技　　　　（　　　　）
少数〔　〕（　　　　）
多数　　　　（　　　　）

[7]
個人〔　〕（　　　　）
温度　　　　（　　　　）

[8]
料理　　　　（　　　　）
案内〔　〕（　　　　）
受取　　　　（　　　　）
差出　　　　（　　　　）

[9]
第一〔　〕（　　　　）
最前　　　　（　　　　）

[10]
依頼　　　　（　　　　）
競争〔　〕（　　　　）
好奇　　　　（　　　　）

[11]
生活　　　　（　　　　）
安全〔　〕（　　　　）
大気　　　　（　　　　）

4

| 不 | 高 | 新 | 超 | 短/長 | 反 | 再 | 全 | 未 | 大 | 総 | 諸 |

① 〔　〕
- 利用　（　　　）
- 評価　（　　　）
- 出発　（　　　）
- 放送　（　　　）

② 〔　〕
- 得点　（　　　）
- 金利　（　　　）
- 収入　（　　　）

③ 〔　〕
- 道徳　（　　　）
- 特定　（　　　）
- 人気　（　　　）
- 機嫌　（　　　）
- 景気　（　　　）
- 都合　（　　　）

④ 〔　〕
- 企画　（　　　）
- 発売　（　　　）
- 体制　（　　　）

⑤ 〔　〕
- 連絡　（　　　）
- 事情　（　　　）

⑥ 〔　〕
- 監督　（　　　）
- 収入　（　　　）
- 決算　（　　　）
- 辞職　（　　　）
- 選挙　（　　　）

⑦ 〔　〕
- 能力　（　　　）
- 満員　（　　　）
- 大国　（　　　）

⑧ 〔　〕
- 期間　（　　　）
- 距離　（　　　）
- 時間　（　　　）

⑨ 〔　〕
- 社会的　（　　　）
- 政府　（　　　）

⑩ 〔　〕
- 速力　（　　　）
- 自動　（　　　）

⑪ 〔　〕
- 公開　（　　　）
- 使用　（　　　）
- 完成　（　　　）
- 経験　（　　　）
- 解決　（　　　）

⑫ 〔　〕
- 掃除　（　　　）
- 仕事　（　　　）

5

| 多 | 名 | 力 | 最 | 好 | 悪 | 逆 | 現 | 無 | 非 | 生 | 副 |

1
〔　〕指名　（　　）
　　　効果　（　　）
　　　輸入　（　　）

2
〔　〕放送　（　　）
　　　野菜　（　　）

3
　　　人数　（　　）
〔　〕目的　（　　）
　　　方面　（　　）

4
　　　景気　（　　）
　　　印象　（　　）
〔　〕人物　（　　）
　　　都合　（　　）
　　　天気　（　　）

5
　　　影響　（　　）
　　　天候　（　　）
〔　〕趣味　（　　）
　　　循環　（　　）

6
〔　〕住所　（　　）
　　　時点　（　　）

7
　　　社長　（　　）
〔　〕校長　（　　）
　　　作用　（　　）

8
　　　課税　（　　）
〔　〕常識　（　　）
　　　暴力　（　　）

9
　　　気力　（　　）
　　　意識　（　　）
〔　〕差別　（　　）
　　　関心　（　　）

10
　　　前列　（　　）
〔　〕年少　（　　）
　　　前線　（　　）

11
〔　〕仕事　（　　）
　　　不足　（　　）

12
〔　〕演説　（　　）
　　　文句　（　　）

훈독 명사 등

정답 → 부록 p.87~88

問題1：次の漢字の訓読みを（　　）に入れなさい。

あ	汗（　　）			種（　　）	
	油（　　）			旅（　　）	
	息（　　）			粒（　　）	
	岩（　　）			隣（　　）	
	内（　　）			泥（　　）	
	奥（　　）	な		仲（　　）	
か	貝（　　）			波（　　）	
	肩（　　）			涙（　　）	
	神（　　）			布（　　）	
	皮（　　）			根（　　）	
	岸（　　）			値（　　）	
	煙（　　）			猫（　　）	
	恋（　　）			軒（　　）	
	氷（　　）	は		場（　　）	
	腰（　　）			柱（　　）	
	粉（　　）			肌（　　）	
さ	境（　　）			畑（　　）	
	酒（　　）			羽（　　）	
	皿（　　）			腹（　　）	
	品（　　）			針（　　）	
	城（　　）			袋（　　）	
	末（　　）			骨（　　）	
	姿（　　）			堀（　　）	
	底（　　）	ま		間（　　）	
た	宝（　　）			孫（　　）	
	畳（　　）			丸（　　）	
	谷（　　）			実（　　）	

42

	身 ( )		者 ( )
	娘 ( )	や	宿 ( )
	胸 ( )		湯 ( )
	基 ( )	わ	輪 ( )
	元 ( )		

問題２：(　　　) に読みを入れなさい。

あ	相手 ( )		手前 ( )
	足跡 ( )		年寄り ( )
	足元 ( )	な	仲間 ( )
	辺り ( )		中身 ( )
	編物 ( )		並木 ( )
	勢い ( )		苦手 ( )
	井戸 ( )		荷物 ( )
	居間 ( )	は	灰色 ( )
	笑顔 ( )		歯車 ( )
	大家 ( )		早口 ( )
か	書留 ( )		判子 ( )
	片道 ( )		日当たり ( )
	為替 ( )		日付 ( )
	組合 ( )		一言 ( )
	暮らし ( )		一通り ( )
	小屋 ( )		人通り ( )
さ	逆様 ( )		船便 ( )
	敷地 ( )	ま	迷子 ( )
	幸せ ( )		街角 ( )
	下町 ( )		窓口 ( )
	素人 ( )		見方 ( )
た	互い ( )		土産 ( )
	包み ( )		虫歯 ( )
	梅雨 ( )		群れ ( )
	手入れ ( )		目上 ( )

	目下	(	)		役割	(	)
	目安	(	)		矢印	(	)
	物置	(	)		夕日	(	)
	物音	(	)		夜中	(	)
	物語	(	)	わ	割合	(	)
	物事	(	)		割引	(	)
や	役目	(	)				

중요숙어

정답 → 부록 p.88~92

問題：(　　　)に読みを入れなさい。

安	安定（　　　）		司会（　　　）
案	案内（　　　）		閉会（　　　）
意	意義（　　　）	開	開演（　　　）
	意識（　　　）		開会（　　　）
	敬意（　　　）		開講（　　　）
一	一流（　　　）		開催（　　　）
	一種（　　　）		開始（　　　）
	一瞬（　　　）		開通（　　　）
	一致（　　　）		開放（　　　）
	一定（　　　）		開幕（　　　）
	唯一（　　　）	火	火山（　　　）
以	以下（　　　）		火災（　　　）
	以後（　　　）	改	改札（　　　）
	以降（　　　）		改正（　　　）
	以前（　　　）		改善（　　　）
	以来（　　　）	解	解決（　　　）
演	演技（　　　）		解散（　　　）
	演劇（　　　）		解釈（　　　）
	演習（　　　）		解放（　　　）
	演説（　　　）		誤解（　　　）
	講演（　　　）	確	確実（　　　）
	出演（　　　）		確認（　　　）
温	温帯（　　　）		確率（　　　）
	温度（　　　）	活	活気（　　　）
会	会員（　　　）		活字（　　　）
	会議（　　　）		活動（　　　）
	会計（　　　）		活躍（　　　）

	活用 ( )		機	機会 ( )
	活力 ( )			機関 ( )
過	過去 ( )			機嫌 ( )
	過失 ( )			機能 ( )
	過程 ( )		器	食器 ( )
価	価格 ( )			武器 ( )
	価値 ( )			器具 ( )
	評価 ( )			器用 ( )
	物価 ( )		休	休暇 ( )
下	下降 ( )			休業 ( )
	下線 ( )			休憩 ( )
	下車 ( )			休講 ( )
	低下 ( )			休息 ( )
感	感覚 ( )			休養 ( )
	感激 ( )		強	強化 ( )
	感謝 ( )			強調 ( )
	感心 ( )			強盗 ( )
	感動 ( )		行	行儀 ( )
間	間隔 ( )			行事 ( )
観	観客 ( )			行列 ( )
	歓迎 ( )			流行 ( )
	観光 ( )			孝行 ( )
	観察 ( )		記	記事 ( )
	観測 ( )			記者 ( )
	観念 ( )			記入 ( )
関	関係 ( )			記念 ( )
	関心 ( )			記録 ( )
	関連 ( )			暗記 ( )
気	気圧 ( )			筆記 ( )
	気温 ( )		基	基準 ( )
	景気 ( )			基礎 ( )
	蒸気 ( )			基地 ( )
	気配 ( )			基盤 ( )

期	期間	( )		原料	( )
	期限	( )	現	現象	( )
	期待	( )		現状	( )
	延期	( )		現代	( )
	時期	( )		現場	( )
	短期	( )	交	交換	( )
議	議員	( )		交差	( )
	議会	( )		交際	( )
	議長	( )		交代	( )
金	金額	( )		交番	( )
	金庫	( )		交流	( )
	金銭	( )	高	高層	( )
	金属	( )		高速	( )
	金融	( )		高度	( )
	現金	( )	公	公害	( )
	借金	( )		公共	( )
規	規準	( )		公式	( )
	規則	( )		公表	( )
	規律	( )		公務	( )
経	経済	( )	合	合同	( )
	経由	( )		合流	( )
芸	芸術	( )	国	国民	( )
	芸能	( )		国立	( )
	文芸	( )		国家	( )
	工芸	( )		国会	( )
見	見解	( )	最	最中	( )
	見当	( )		最近	( )
	見物	( )	作	作業	( )
原	原因	( )		作者	( )
	原稿	( )		作成	( )
	原産	( )		作物	( )
	原始	( )		作家	( )
	原理	( )		作曲	( )

	作法	( )		食物	( )
	操作	( )		食料	( )
	創作	( )		食糧	( )
	動作	( )	出	出勤	( )
事	事件	( )		出身	( )
	事実	( )		出世	( )
	事態	( )		出張	( )
	事務	( )		出版	( )
	人事	( )	主	主語	( )
	家事	( )		主張	( )
子	子孫	( )		主婦	( )
	菓子	( )		主役	( )
自	自殺	( )	上	上京	( )
	自信	( )		上司	( )
	自身	( )		上昇	( )
	自宅	( )		上達	( )
	自治	( )	情	情報	( )
	自慢	( )		愛情	( )
	自立	( )		純情	( )
実	実感	( )		感情	( )
	実験	( )		友情	( )
	実現	( )		事情	( )
	実行	( )	重	重視	( )
	実際	( )		重体	( )
	実施	( )		重点	( )
	実習	( )		重役	( )
	実績	( )		重力	( )
	実物	( )	資	資本	( )
	実用	( )		資料	( )
商	商業	( )		資源	( )
	商社	( )	支	支給	( )
	商売	( )		支配	( )
食	食品	( )		支出	( )

修	修正	( )		性	性格	( )
	修理	( )			性質	( )
	修繕	( )			性能	( )
	研修	( )			性別	( )
書	書類	( )		制	制限	( )
	書籍	( )			制作	( )
	読書	( )			制度	( )
	投書	( )			体制	( )
心	心身	( )		製	製作	( )
	心臓	( )			製品	( )
	都心	( )		全	全集	( )
信	信号	( )			全般	( )
	信用	( )		先	先日	( )
身	身長	( )			先祖	( )
	独身	( )			先輩	( )
人	人造	( )		相	相違	( )
	人物	( )			相互	( )
	犯人	( )			相続	( )
	職人	( )			相談	( )
	個人	( )		想	感想	( )
	知人	( )			空想	( )
	美人	( )			思想	( )
水	水準	( )			発想	( )
	水道	( )			理想	( )
	水分	( )		増	増減	( )
	水面	( )			増大	( )
図	図形	( )			増加	( )
	図表	( )		大	大気	( )
	図鑑	( )			大工	( )
成	成人	( )			大臣	( )
	成長	( )			大統領	( )
	成分	( )		体	体積	( )
	成立	( )			体操	( )

49

	体系	(	)		熱中	(	)
	体温	(	)	直	直後	(	)
	液体	(	)		直線	(	)
	気体	(	)		直前	(	)
	固体	(	)		直通	(	)
	死体	(	)	通	通過	(	)
	団体	(	)		通学	(	)
単	単位	(	)		通勤	(	)
	単語	(	)		通行	(	)
対	対策	(	)		通信	(	)
	対象	(	)		通知	(	)
	対照	(	)		通訳	(	)
	対立	(	)		通用	(	)
地	地区	(	)	点	採点	(	)
	地質	(	)		終点	(	)
	地方	(	)		欠点	(	)
	地面	(	)		頂点	(	)
知	知恵	(	)		弱点	(	)
	知識	(	)		焦点	(	)
	知能	(	)		利点	(	)
	知事	(	)	電	電球	(	)
調	調査	(	)		電線	(	)
	調子	(	)		電池	(	)
	調整	(	)		電波	(	)
	調節	(	)		電流	(	)
長	長期	(	)		発電	(	)
	長所	(	)	同	同格	(	)
	長女	(	)		同僚	(	)
	長男	(	)	度	緯度	(	)
	延長	(	)		角度	(	)
中	中古	(	)		経度	(	)
	中途	(	)		限度	(	)
	中年	(	)		速度	(	)

当	当時	( )		表面	( )	
	当日	( )		表情	( )	
	当番	( )	標	標識	( )	
道	道徳	( )		標準	( )	
	道路	( )		目標	( )	
	歩道	( )	評	評価	( )	
	鉄道	( )		評判	( )	
特	特色	( )	不	不可	( )	
	特徴	( )		不通	( )	
	特定	( )	分	分解	( )	
	特急	( )		分析	( )	
日	日時	( )		分布	( )	
	祝日	( )		分野	( )	
	祭日	( )		分類	( )	
	日光	( )		分量	( )	
	日程	( )	文	文献	( )	
	来日	( )		文脈	( )	
能	能力	( )		文句	( )	
	才能	( )	平	平均	( )	
農	農家	( )		平行	( )	
	農村	( )		平日	( )	
	農民	( )		平野	( )	
	農薬	( )	方	方向	( )	
発	発音	( )		方針	( )	
	発揮	( )		方面	( )	
	発達	( )	満	満員	( )	
	発展	( )		満点	( )	
	発明	( )	面	面積	( )	
番	番組	( )		面接	( )	
	順番	( )	無	無視	( )	
批	批判	( )		無地	( )	
	批評	( )		無駄	( )	
表	表現	( )	名	名刺	( )	

	名物 ( )		整理 ( )
	署名 ( )		管理 ( )
予	予期 ( )	利	利益 ( )
	予算 ( )		利害 ( )
	予習 ( )		権利 ( )
	予測 ( )	力	協力 ( )
	予備 ( )		権力 ( )
	予報 ( )		効力 ( )
	予防 ( )		努力 ( )
要	要求 ( )	連	連合 ( )
	要旨 ( )		連想 ( )
	要素 ( )		連続 ( )
	要点 ( )		連絡 ( )
	要領 ( )	論	議論 ( )
	需要 ( )		結論 ( )
理	心理 ( )		

모의테스트 및 부록 해설·정답

제1회 모의테스트

問題 1

1	3
2	4
3	1
4	2
5	3

問題 2

6	2
7	4
8	2
9	1
10	3

問題 3

11	3
12	2
13	1
14	3
15	2

問題 4

16	2
17	2
18	1
19	3
20	1
21	4
22	1

問題 5

23	4
24	3
25	3
26	1
27	4

問題 6

28	2
29	4
30	2
31	4
32	1

問題 7

33	3
34	1
35	4
36	3
37	3
38	4
39	1
40	1
41	1
42	2
43	1
44	2

問題 8

45	4
46	3
47	2
48	1
49	4

問題 9

50	2
51	2
52	1
53	3
54	3

해설

問題 7

33 「동사た형 + 上で」⇒ 먼저 ~을 한 결과《선택지2 의「動詞た形+あげく」는 바람직하지 않은 결과에 쓰인다.》

34 「~からいって」⇒ ~라는 이유・사정으로《뒤에 단정적인 결과가 이어진다.【ex】年齢からいって無理だ。나이로 봐서 무리다.》

35 「~向け」⇒ ~을 대상으로 한, ~을 위한《【ex】「2 ~用」⇒ 좀 더 구체적인 대상을 말한다. 女性向けのインテリア 여성을 대상으로 한 인테리어／女性用の更衣室 여성용 탈의실》

36 「~かぎりでは」⇒ ~한 범위에서 판단하자면

37 「~ことだ」⇒ ~하는 편이 좋다《충고를 할 때 등에 쓰이지만 여기서는 조금 야유적인 느낌이 들어있다.》

38 「~一方で」⇒ ~라는 면도 있지만, 다른 면도 있다.

39 「~(の)あまり」⇒ 상당히 ~이기 때문에【ex】うれしさのあまり、とびはねた。기쁜 나머지 날듯이 뛰어 올랐다.

40 「~ことから」⇒ ~라는 이유로【ex】予算が少ないことから、大会は中止になった。예산이 적어서 대회는 중지되었다.

41 「동사ます형 + つつも」⇒ ~하면서도《역접표현【ex】手紙を書こうと思いつつも、まだ書いていない。편지를 쓰려고 생각하면서도 아직 쓰지 않았다.》

42 「~ないわけにはいかない」⇒ 이중부정으로「~するしかない」라는 의미이다.

43 「たとえ~ても」⇒ 만약에 ~라도【ex】たとえまずしくても幸せだ。설령 가난하더라도 행복하다.

44 「お~いただけますか」⇒「~してください」의 정중한 말투

問題 8

45 (そんな勉強のやり方で合格) 3 できるか 1 やれる 4 ものなら 2 やって (みればいいよ。) 그런 공부법으로 합격할 수 있을지 할 수 있다면 하면 돼.

46 (日本人は、どこでも水がただで) 2 飲める 4 ありがたさを 3 忘れ 1 がち (です。) 일본인은 어디서라도 물을 공짜로 마실 수 있다는 고마움을 잊는 경향이 있습니다.

47 (歯医者に行くのは、大人に) 1 なれば 4 平気になる 2 という 3 ものでは (ありません。) 치과에 가는 것은 어른이 된다고 아무렇지도 않게 되는 것은 아닙니다.

48 (私が家のかぎを) 3 かけるのを 1 忘れた 4 ばかり 2 に (どろぼうに入られてしまった。) 내가 집 문을 잠그는 것을 깜빡했기 때문에 도둑이 들었다.

49 (B「病気を人に) 3 うつす 4 おそれが 1 ある 2 以上は (学校を休んだほうがいいわよ。」)
A 이제 열도 안 나고 시험이니까 학교에 가도 되지.
B 병을 다른 사람에게 옮길 우려가 있는 이상 학교를 쉬는 게 나아.

제2회 모의테스트

問題 1
1	4
2	1
3	4
4	1
5	3

問題 2
6	1
7	1
8	3
9	4
10	3

問題 3
11	3
12	4
13	1
14	3
15	2

問題 4
16	4
17	2
18	4
19	1
20	2
21	3
22	1

問題 5
23	4
24	2
25	1
26	3
27	3

問題 6
28	3
29	3
30	1
31	4
32	3

問題 7
33	1
34	2
35	1
36	3
37	4
38	2
39	3
40	3
41	4
42	1
43	2
44	4

問題 8
45	3
46	4
47	2
48	1
49	3

問題 9
50	3
51	2
52	3
53	4
54	1

해설

問題 7

[33] 「～ないわけではない(が)」⇒ 이중부정으로 「완전히 ~ 하지 않는 것은 아니지만 (조금은 ~ 이다)」라는 의미이다.

[34] 「～としても」⇒ 만약 ~ 해도 《「たとえ～ても(가령 ~ 해도)」와 같은 의미이다.》

[35] 「～(の)最中に」⇒ 마침 ~ 하고 있을 때《어느 정도의 시간, 계속되는 동작을 하고 있는 도중이라는 것을 말한다. 【ex】食事の最中に 한창 밥 먹고 있는 도중에》

[36] 「동사ます형 + がたい」⇒ ~ 하는 것이 어렵다《마음에 있어서 ~ 할 수 없다라는 의미이다. 》

[37] 「～に反して」⇒ ~ 와 다르게, ~ 와 반대로【ex】期待に反して 기대와 달리／作者の意図に反して 작가의 의도와 반대로

[38] 「～ものか」⇒ 절대 ~ 하지 않겠다 (강한 부정의 의지를 말한다) 【ex】あんなところに行くものか。그런 곳에 절대 가지 않을 거야.

[39] 「そう言えば」⇒ 화제를 바꾸려고 할 때 쓰는 표현

[40] 「～ようが～まいが」⇒ ~ 해도 ~ 하지 않아도【ex】このホテルでは朝食を食べようが食べまいが、お金は取られる。이 호텔에서는 조식을 먹든 안 먹든 돈은 내야 한다.

[41] 「동사ます형 + にくい」⇒ ~ 하는 것이 어렵다

[42] 「동사사전형/명사 + しかない」⇒ ~ 한 이상 방법은 없다, ~ 해야 한다.

[43] 「～ところ…」⇒ ~ 라는 동작을 한 결과, …이 되다《뒤에 이어지는 문장은 긍정, 부정 다 쓰인다. 【ex】抽選に申し込んだところ、当たった／はずれた。추첨에 신청한 결과 당첨됐다 / 떨어졌다. 》

[44] 「～(さ)せていただく」⇒ 상대방이 보여주는 행위「見せる」를 해 주기를 바라고 있다.

問題 8

[45] (難しい漢字は、習う) 4 そばから 1 忘れてしまう **3 ので** 2 忘れない (うちにきちんと復習しよう。) 어려운 한자는 배우자마자 잊어버리기 때문에 잊어버리기 전에 철저히 복습해야지.

[46] (同じ言葉) 1 でも **4 話し方** 3 次第 2 では (印象が変わってしまうことがある。) 같은 말이라도 말투에 따라서는 인상이 바뀌는 경우가 있다.

[47] (この学校では、) 1 最初の 4 レッスンに **2 限って** 3 無料 (で受けることができます。) 이 학교에서는 첫 레슨에 한해서 무료로 받을 수 있습니다.

[48] (この子は) 3 年齢 **1 の** 2 わりには 4 ピアノ (が上手だ。) 이 아이는 나이에 비해서 피아노를 잘 친다.

[49] (あの学生の今までの) 2 成績から 4 見ても **3 こんな成績を** 1 取る (なんて信じられない。) 그 학생의 지금까지의 성적으로 봐도 이런 성적을 받다니 믿을 수가 없다.

제3회 모의테스트

問題 1
1	3
2	1
3	4
4	2
5	4

問題 2
6	1
7	3
8	2
9	4
10	2

問題 3
11	4
12	1
13	2
14	3
15	2

問題 4
16	4
17	1
18	3
19	4
20	2
21	4
22	2

問題 5
23	1
24	3
25	3
26	4
27	2

問題 6
28	1
29	2
30	3
31	1
32	4

問題 7
33	4
34	4
35	2
36	2
37	3
38	2
39	3
40	1
41	4
42	2
43	2
44	1

問題 8
45	2
46	3
47	1
48	4
49	3

問題 9
50	2
51	3
52	3
53	1
54	4

해설

問題 7

33 「〜上は」⇒ ~한 이상은《뒤에 오는 문장에 결의, 의지를 나타내는 문장이 이어진다.》

34 「〜おかげで」~ 라는 이유 때문에 (…라는 좋은 결과가 되었다)

35 「ある人物 + のことだから」⇒ 어떤 사람의 성격이나 습관을 알아서 다음 행동을 추측하다. 【ex】お父さんのことだから、きっとすごく怒るよ。 아버지는 분명히 엄청 화 낼거야.

36 「〜次第では」⇒ ~라는 조건과 의향에 따라서는 【ex】給料次第ではアルバイトをしてもいい。월급에 따라서는 아르바이트를 해도 된다.

37 「〜に備えて」⇒ 어떤 사태가 일어났을 때를 위해 준비하다 【ex】病気に備えて保険に入る。병에 걸릴 것에 대비해서 보험을 든다.

38 「〜ぬきには」⇒ ~ 가 없이는 【ex】現代生活はコンピューターぬきには考えられない。현대생활은 컴퓨터 없이는 생각할 수 없다.

39 자기 회사 사장이라도 외부 사람에게 말할 때는 겸양어를 쓴다. 「席をはずす」⇒ '그 사람이 자리에 없다' 관용어로 외울 것.

40 「동사ます형 + そうもない」⇒ ~ 할 기미가 없다《상당히 가능성이 낮은 것을 말한다. 【ex】雨は降りそうもない。비는 안 올 것 같다. / だれも来そうにない。아무도 안 올 것 같다.》

41 「〜ばかりに」⇒ ~라는 행동을 했기 때문에(나쁜 결과가 되었다) 【ex】よそ見をしたばかりに車をぶつけた。한눈 팔다가 차를 박았다.

42 「〜ない限り…ない」⇒ …(이기)위해서는 ~(할)밖에 없다

43 '보통은 신선한 것이 맛있지만, 그렇지 않은 것도 있다 (부분부정)'라는 의미이다.

44 「〜からといって…ない」⇒ ~ 라는 원인・이유라도 전부 같은 …라는 결과가 되지 않는다.

問題 8

45 (あなたが困って) 3 いるなら 4 私と **2 しては** 1 助けて (あげたいのだが……。) 당신이 난처하다면 나로서는 도와주고 싶지만….

46 (私の妻は) 2 10円を 4 節約する **3 一方で** 1 平気 (で高い服を買うことがある。) 제 아내는 10엔을 절약하는 한편 아무렇지도 않게 비싼 옷을 살 때가 있다.

47 (この店のケーキは) 2 甘すぎないので 3 女性は **1 もちろん** 4 男性に (も人気がある。) 이 가게의 케이크는 그다지 달지 않기 때문에 여성은 물론 남성에게도 인기가 있다.

48 (時間にだらしない山下さんの) 1 こと **4 だから** 2 また 3 どこか (でさぼっているのだろう。) 시간을 잘 안 지키는 야마시타 씨니까 또 어디선가 농땡이 치고 있겠지.

49 (人の) 4 歩く 1 流れに **3 沿って** 2 進むと (、その先にイベント会場があった。) 사람들이 걸어가는 쪽으로 따라 가니 거기에 이벤트 회장이 있었다.

제4회 모의테스트

問題 1
- 1 … 3
- 2 … 2
- 3 … 1
- 4 … 2
- 5 … 4

問題 2
- 6 … 3
- 7 … 2
- 8 … 4
- 9 … 2
- 10 … 1

問題 3
- 11 … 3
- 12 … 4
- 13 … 1
- 14 … 3
- 15 … 4

問題 4
- 16 … 2
- 17 … 1
- 18 … 4
- 19 … 1
- 20 … 4
- 21 … 3
- 22 … 3

問題 5
- 23 … 1
- 24 … 2
- 25 … 3
- 26 … 1
- 27 … 4

問題 6
- 28 … 3
- 29 … 4
- 30 … 4
- 31 … 3
- 32 … 2

問題 7
- 33 … 4
- 34 … 1
- 35 … 2
- 36 … 3
- 37 … 3
- 38 … 4
- 39 … 1
- 40 … 1
- 41 … 1
- 42 … 2
- 43 … 1
- 44 … 2

問題 8
- 45 … 2
- 46 … 1
- 47 … 1
- 48 … 3
- 49 … 4

問題 9
- 50 … 2
- 51 … 1
- 52 … 4
- 53 … 3
- 54 … 3

해설

問題 7

33 「~にしたがって」⇒ ~에 따라서 동시에 다른 것도 변화한다.【ex】寒くなるにしたがって風邪をひく人が増える。추위짐에 따라 감기에 걸리는 사람이 늘어난다.

34 「~(の)わりに」⇒ ~이지만《뒤에 오는 문장이 예상이나 일반적인 전제와 반대되는 것을 말한다.【ex】冬のわりに暖かい。겨울치고는 따뜻하다./年を取っているわりに、ものを知らない。나이를 먹은 것 비해서 철이 들지 않았다.》

35 「동사た형 + ばかり」⇒ ~해서 바로, ~해서 시간이 지나지 않을 때에【ex】食べたばかりで、おなかいっぱいです。먹은 지 얼마 안 돼서 배가 부릅니다.

36 「~一方だ」⇒ 점점 ~라는 상태가 된다.【ex】景気が悪くなる一方だ。경기가 점점 나빠지기만 한다.

37 「~気味」⇒ ~와 같은 징조・상태가 보이다【ex】疲れ気味 피곤한 기색/この犬は太り気味だ。이 개는 살찔 낌새가 보인다.

38 「~とはいえ」⇒ ~ 라 해도《앞의 문장을 인정하지만, 뒤에 오는 문장에 반론이 온다.【ex】疲れているとはいえ、服を着たまま寝てはいけない。피곤하다 해도 옷을 입은 채 자서는 안 된다.》

39 「동사의지형 + ではないか」⇒ 같이 ~ 하자《모두에게 권유하는 말을 할 때 쓰인다.》

40 「うかがう」⇒「聞く(듣다)」「訪ねる(방문하다)」의 겸양어

41 「~というわけではない」⇒ (…라는 이유・상태라도)반드시 ~ 라는 것이 되지는 않는다.

42 「~とすると」⇒ 기정사실을 가정한다

43 「~からには」⇒ ~ 한 이상에는《결의를 말한다. 선택지 2・3・4는 「やらない」라는 의미이다.》

44 윗사람 → 아랫사람

問題 8

45 (動物) 3 でさえ 1 子どもを **2 必死に守るのに** 4 人間が (子どもを捨てるなんて許せない。) 동물도 새끼를 필사적으로 지키려고 하는데 인간이 자식을 버리다니 용서할 수 없다.

46 (今の若者の考えは) 3 理解 4 し **1 かねる** 2 ことが (多すぎる。) 요즘 젊은이의 사고는 이해하기 어려운 점이 너무 많다.

47 (私が東京に) 3 行く **1 たびに** 2 まったく 4 町の様子 (が変わっている気がする。) 내가 동경에 갈 때 마다 완전히 동네 모습이 바뀐 듯한 느낌이 든다.

48 (残念ながら、みなさんの) 4 ご期待に **3 反した** 1 結果 を 2 お知らせ (しなければなりません。) 유감스럽지만 여러분의 기대에 반한 결과를 알려드려야 합니다.

49 (B「いや、天気) 3 によっては 2 中止 **4 ということも** 1 あり (得るよ。」) A 내일 드라이브는 꼭 가야 돼.
B 아니 날씨에 따라서는 중지되는 경우도 있을 수 있어.

제5회 모의테스트

問題1
1. 3
2. 2
3. 3
4. 2
5. 2

問題2
6. 1
7. 3
8. 2
9. 4
10. 1

問題3
11. 1
12. 4
13. 2
14. 4
15. 3

問題4
16. 4
17. 1
18. 3
19. 4
20. 1
21. 3
22. 2

問題5
23. 2
24. 4
25. 1
26. 1
27. 3

問題6
28. 3
29. 2
30. 1
31. 2
32. 4

問題7
33. 4
34. 2
35. 3
36. 1
37. 4
38. 2
39. 1
40. 1
41. 3
42. 2
43. 3
44. 1

問題8
45. 4
46. 2
47. 3
48. 1
49. 4

問題9
50. 2
51. 3
52. 2
53. 1
54. 4

해설

問題7

33. 「～上に」⇒ ~에 덧붙여 더욱 더… 《'좋은 일'과 '좋은 일'을 잇는 표현은 4 뿐이다.》
34. 「AからBにかけて」⇒ (시간・지역) A~B의 범위에서 쭉 《【cf】 ~に渡って ⇒ 넓은 시간・지역 전부를》
35. 「～というものだ」⇒ 일반적으로 생각해서 ~ 다
36. 「～てならない」⇒ 상당히 ~하고 싶다, ~ 라는 마음을 주체할 수 없다
37. 「なにしろ」⇒ 이런 사정이 있어서, 그래도 ~ 해야지 【ex】なにしろこの雨では 여하튼 이렇게 비가 와서는 / なにしろ頑張らないと 아무튼 열심히 해야지
38. 「동사ます형 / 명사 + がちだ」⇒ 종종 ~하다, ~ 라는 경향이 있다 【ex】休みがち 쉬기 일쑤 / 遅れがち 늦기 일쑤 / 忘れがち 잊어버리기 일쑤
39. 「～うちに」⇒ (계속해서) ~ 하고 있는 사이에
40. 「言う」의 존경어
41. 「～してまで…ない」⇒ 인내・무리한 결과 ~ 가 된다면 …하지 않는 편이 좋다 【ex】無理してまで働かなくてよい。무리해서까지 일하지 않아도 된다.
42. 「～ものの」⇒ ~ 이지만… 《역접표현 【ex】電話をかけたものの だれも出なかった。전화를 걸었지만 아무도 안 받았다.》
43. 「～わけがない」⇒ ~ 일 리가 없다 《강한 단정을 말한다》
44. 「～ことにはならない」⇒ 여기서는 '~ 라는 동작을 했다고는 말할 수 없다'라는 의미이다.

問題8

45. (彼女の英語は) 3 アメリカ育ち 2 だけ **4 あって** 1 発音(がきれいだが、文法は正しくない。) 그녀의 영어는 미국에서 자란 만큼 발음은 좋지만 문법은 올바르지 않다.
46. (私のミスではないのに) 3 お客様に **2 あやまらざる** 4 を得ない 1 とき(も、たまにはあります。) 제 잘못이 아닌데 손님에게 사과해야 할 때도 가끔 있습니다.
47. (もし私が家を) 2 建てる **3 と** 1 しても 4 町の中心 から (ずっと遠いところだ。) 만약 내가 집을 짓는다고 해도 동네 중심에서 많이 먼 곳이다.
48. (優勝したマラソン選手は) 4 台風でも 3 来ない **1 限り** 2 雨の日 (も練習を休むことはないそうだ。) 우승한 마라톤 선수는 태풍이라도 오지 않는 한 비가 오는 날도 연습을 쉬는 일은 없다고 한다.
49. (米や果物の) 3 秋の 1 収穫量は **4 夏の天気** 2 次第 (です。) 쌀과 과일의 가을 수확량은 여름날씨에 달렸습니다.

제6회 모의테스트

問題 1
1. 3
2. 4
3. 1
4. 3
5. 4

問題 2
6. 1
7. 3
8. 4
9. 1
10. 2

問題 3
11. 2
12. 3
13. 1
14. 3
15. 4

問題 4
16. 4
17. 1
18. 2
19. 3
20. 4
21. 2
22. 4

問題 5
23. 1
24. 3
25. 3
26. 1
27. 2

問題 6
28. 4
29. 3
30. 3
31. 2
32. 2

問題 7
33. 2
34. 1
35. 3
36. 2
37. 1
38. 1
39. 4
40. 2
41. 2
42. 2
43. 3
44. 4

問題 8
45. 3
46. 2
47. 4
48. 3
49. 1

問題 9
50. 1
51. 2
52. 3
53. 3
54. 4

해설

問題 7
33. 「Aによって(は)B」⇒ A에 따라서 B가 변화한다【ex】場合によっては、帰国するかもしれない。경우에 따라서는 귀국할 지도 모른다.
34. 「～をきっかけに」⇒ ~을 이유・원인으로 해서…하기 시작하다
35. 「～といっても」⇒ ~이지만…《앞과 뒤가 대립하는 듯한 내용이 된다.》
36. 「～(の)反面」⇒ ~이지만 다른 면에서 보면…
37. 「～どころか」⇒ 어떤 사항・동작을 부정함으로써 바로 이어지는 글을 강조한다【ex】彼は漢字どころかひらがなも書けない。그는 한자는커녕 히라가나도 못쓴다.
38. 「～ものだから」⇒ ~이기 때문에《이유・원인을 말한다. 변명에 사용되는 경우가 많다.【ex】私の料理がまずいものだからだれも食べない。내 요리가 맛이 없으니까 아무도 안 먹는다.》
39. 「동사た형+かと思ったら」⇒ ~더니 바로【ex】横になったかと思ったらもう寝ている。누워있나 했더니 이미 바로 자고 있다.
40. 「～しかない」⇒ ~하는 이외, 다른 방법이 없다【ex】もうあきらめるしかない。이제 포기할 수 밖에 없다.
41. 「～ないといけない」⇒ ~해야 한다, ~하지 않으면 곤란하다
42. 「～よりほか(は)ない」⇒ ~하는 이외, 다른 방법이 없다
43. 「～からには」⇒ ~하는 이상에는《뒤에 결의를 나타내는 글이 온다는 것에 주의.》
44. 「～ておく」⇒ 그대로 ~시키다

問題 8
45. (部長は忙しすぎて) 2 疲れ 4 気味の **3 ようで** 1 心配 (です。) 부장님은 너무 바빠서 피곤한 기색이어서 걱정입니다.
46. (明日は旅行の予定だが) 4 台風が 1 近づいて **2 行く** 3 どころでは (なくなった。) 내일은 여행갈 예정이지만 태풍이 가까워져 그럴 때가 아니다.
47. (今日の朝早くから会議が) 3 あると 1 言われて **4 いながら** 2 忘れて (しまって、遅刻した。) 오늘 아침부터 회의가 있다는 말을 들었으면서도 깜빡해서 지각했다.
48. (B「もちろん、) 1 だれが **3 見ても** 2 リーさんに 4 決まって (いるよ。」) A 스피치 콘테스트는 누가 우승할까? B 물론 누가 봐도 이 씨잖아.
49. (運動はその人の) 2 体力に 3 応じて **1 やらないと** 4 かえって (体をこわしますよ。) 운동은 그 사람의 체력에 따라 하지 않으면 오히려 건강을 해쳐요.

제7회 모의테스트

問題 1
1. 2
2. 4
3. 4
4. 3
5. 1

問題 2
6. 1
7. 4
8. 2
9. 1
10. 3

問題 3
11. 4
12. 1
13. 3
14. 3
15. 1

問題 4
16. 2
17. 1
18. 4
19. 1
20. 3
21. 4
22. 3

問題 5
23. 2
24. 3
25. 4
26. 1
27. 2

問題 6
28. 1
29. 2
30. 2
31. 4
32. 1

問題 7
33. 4
34. 3
35. 1
36. 3
37. 2
38. 1
39. 4
40. 2
41. 1
42. 1
43. 2
44. 1

問題 8
45. 4
46. 1
47. 2
48. 3
49. 4

問題 9
50. 1
51. 3
52. 2
53. 4
54. 2

해설

問題 7
33. 「~に応えて」⇒ 요망・기대・응원에 대해 보답하다
34. 「~際に」⇒ ~하는 그 때에, ~의 경우에
35. 「~せい(で／か)」⇒ ~을 원인・이유로서 《나쁜 결과의 원인・이유를 말한다.》
36. 「~ずに(は)いられない」⇒ 어떤 일이 있어도 ~ 해 버리다
37. 「~げ(に)」⇒ ~와 같은 분위기로, ~와 같은 모양으로
38. 「これと言って」⇒ 특히 '이것'이 좋은 듯한 《뒤에 부정표현이 오는 경우가 많다.》
39. 「~を込めて」⇒ 마음과 감정을 충분히 담아서 《「気持ちを込めて(마음을 담아)」「心を込めて(마음을 담아)」는 관용표현으로 기억할 것》
40. 「~上では」⇒ ~라는 점에서는, ~의 면에서는 【ex】暦の上では秋だが、まだ暑い日が続く。달력 상으로는 가을이지만, 아직 더운 날이 계속된다.
41. 「~てあげる」⇒ 어떤 동작을 '해 주다'라는 의미의 정중한 표현
42. 「~ておく」⇒ 뭔가를 위해 미리 ~하다
43. 「~にしては」⇒ ~이다는 것을 생각하면 《앞과 뒤가 맞지 않는다는 것을 말한다. 【ex】子どもにしてはしっかりしている。아이치고는 야무지다.》
44. 「~ざるを得ない」⇒ ~하는 수 밖에 없다

問題 8
45. (その製品がどんなにすばらしくても、) 3 実際に 2 使って **4 みない** 1 ことには (信用できない。) 그 제품이 아무리 뛰어나도 실제로 써 보지 않고는 신용할 수 없다.
46. (小さな子どもに) 2 とっての **1 遠足は** 3 大人に 4 とって (の海外旅行くらい大きな楽しみだ。) 어린 아이에 있어서의 소풍은 어른에 있어서의 해외 여행 정도의 큰 즐거움이다.
47. (心から反省している) 4 なら 3 許さない **2 わけでも** 1 ないが (ちゃんと謝ってほしい。) 마음으로부터 반성하고 있다면 용서 못할 것도 없지만 확실하게 사과를 해 줬으면 좋겠다.
48. (3日間、) 1 考え 4 抜いた **3 末** 2 思い切って (会社を辞めることにしました。) 3일 동안 생각한 끝에 과감히 회사를 그만두기로 했습니다.
49. (あの歌手の名前は) 2 何だっ **4 たっけ** 3 と 1 思い出そう (としても、どうしても思い出せない。) 그 가수 이름은 뭐였는지 떠올리려고 해도 도무지 생각나지 않는다.

제8회 모의테스트

問題 1
1	3
2	1
3	4
4	3
5	2

問題 2
6	3
7	4
8	2
9	2
10	1

問題 3
11	3
12	1
13	3
14	2
15	4

問題 4
16	2
17	3
18	4
19	2
20	3
21	1
22	3

問題 5
23	2
24	1
25	3
26	4
27	2

問題 6
28	3
29	4
30	3
31	1
32	2

問題 7
33	2
34	1
35	2
36	2
37	4
38	1
39	3
40	1
41	4
42	1
43	3
44	4

問題 8
45	2
46	4
47	1
48	2
49	3

問題 9
50	4
51	4
52	2
53	2
54	3

해설

問題 7

33 「(まるで)～かのようだ」⇒ 거의 ~ 와 비슷한, ~ 처럼 느끼다《비유표현【ex】まるで夢を見ているかのような気持ちだ。마치 꿈을 꾸고 있는 듯한 기분이다.》

34 「～からして」⇒ ~ 조차… 그러니까 다른 것도《문제가 되고 있는 것보다 더 기본적인 것 조차 라는 의미이다.》

35 「～にとって(は)」⇒ ~ 에게는 ~ 로서 보면《판단 등의 기준이 되는 것을 말한다.》

36 「～得ない」⇒ 여기서는 「~ 할 가능성은 없다」라는 의미이다. 「あり得る(있을 수 있다)／あり得ない(있을 수 없다)」의 형태로 기억할 것

37 「동사ます형 + そう」⇒ 어떤 동작을 할 가능성이 높아지다

38 「～上(じょう)は」⇒ ~ 에서는, ~ 에 관해서는《실제로는 다르다는 뉘앙스를 나타내는 경우도 있다.【ex】規則上は(규칙상으로는)／表面上は(표면상으로는)／立場上は(입장으로서는)》

39 「명사+ とおっしゃる方」⇒ 「~ という名前の人(~ 라는 이름의 사람)」의 정중한 말투

40 「～せいで…てしまう」⇒ ~ 을 원인・이유로서 …라는 결과가 되다《나쁜 결과의 원인・이유를 말한다 「～せいで(~ 탓으로)」에 대응하는 선택지는 1 뿐》

41 「동사사전형 + くらいなら…」⇒ ~ 하는 것 보다도…《어떤 사항・상태가 나쁘다는 것을 말한다.》

42 「～はずがない」⇒ 절대로 ~ 하지 않을 것이다, ~ 라는 가능성은 없다

43 「동사ます형 + きれない」⇒ 완전히 ~ 할 수 없다【ex】こんなにたくさん食べきれない。이렇게 많이 다 못 먹는다.》

44 「～ことになる」⇒ ~ 라는 결과로 정해지다《자기가 정한 것이 아니라 다른 사람이 결정한 것에 쓰인다.》

問題 8

45 (新しい社員が) 1 会社に **2 入ってくる** 4 たび 3 会社の (規則を教えてやらなければいけない。) 신입사원이 회사에 들어올 때 마다 회사 규칙을 가르쳐 줘야 한다.

46 (この暑さに) 2 加えて **4 長い時間** 1 待たされて 3 次々と (倒れる人が出た。) 이 더위와 함께 장시간 기다려야 해서 잇달아 쓰러지는 사람이 나왔다.

47 (目の前に熊がいたが、後ろは谷で) 3 逃げように **1 も** 4 逃げ道 2 が (なく、あわてて木に登った。) 눈 앞에 곰이 있었지만, 뒤는 계곡이어서 달아나려 해도 달아날 곳이 없어 허둥지둥 나무에 올랐다.

48 (この作文の漢字は) 1 間違い 3 だらけで **2 名前** 4 だけが (正しい漢字で書いている。) 이 작문의 한자는 오자투성이로 이름만 올바른 한자로 쓰여있다.

49 (現代は大学を出た) 2 から 1 と **3 言っても** 4 必ずしも (就職できない時代だ。) 현대는 대학을 나왔다고 해도 반드시 취직할 수 없는 시대다.

제9회 모의테스트

問題 1
1. 3
2. 2
3. 3
4. 1
5. 2

問題 2
6. 2
7. 4
8. 1
9. 3
10. 2

問題 3
11. 3
12. 2
13. 4
14. 4
15. 1

問題 4
16. 1
17. 2
18. 4
19. 3
20. 2
21. 2
22. 1

問題 5
23. 1
24. 3
25. 1
26. 4
27. 2

問題 6
28. 3
29. 4
30. 3
31. 2
32. 3

問題 7
33. 2
34. 4
35. 1
36. 4
37. 1
38. 2
39. 3
40. 3
41. 2
42. 2
43. 3
44. 2

問題 8
45. 4
46. 2
47. 3
48. 2
49. 1

問題 9
50. 1
51. 2
52. 4
53. 3
54. 3

해설

問題 7

33. 「～に沿って」⇒ ~에 따라서 《연속된 형태의 것과 병행해서【ex】道に沿って 길에 따라서 ※ '기준에서 떨어지지 않도록 해서'라는 사용법도 있다.【ex】気持ちに沿って(기분에 따라서)／規則に沿って(규칙에 따라서)》

34. 「～をめぐって」⇒ ~에 대해서, ~을 화제의 쟁점으로 해서

35. 「～にかけては」⇒ ~에 대해서는, ~에 있어서는 《뒷문장에 좋은 평가가 이어진다.【ex】数学にかけては彼がいちばんできる。수학에 있어서는 그가 가장 잘한다.》

36. 「～としたら…」⇒ 만약 ~라고 가정한다면 …하다 《「2 ～としても(~라도)」⇒ 역접이 된다「1 ～となると(~가 되면)」「3 ～とすると(~라고 하면)」⇒ 어떤 조건이라면 필연적으로 일어날 결과가 뒤에 이어진다【ex】私立大学に行くとなると、学費が1年で100万円はかかる。사립대학에 가게 되면 학비가 1년에 100만 엔은 든다.／1つ400円とすると、全部で2000円だ。하나에 400엔 하면 전부 해서 2000엔이다.》

37. 「동사사전형 + ことなく」⇒ ~라는 동작을 하지 않고, ~라는 상황이 되지 않고

38. 「～てもはじまらない」⇒ ~한다 한들 소용없다, 이미 늦다

39. 「～なくして…ない」⇒ ~가 없어서는 …할 수 없다

40. 「ごらんいただく」⇒ 「見てもらう(봐 주다)」의 존경표현

41. 「～なくは(も)ない」⇒ ~ 할 수 있다, ~하다 《이중부정으로 긍정을 말한다.》

42. 「～ほかない」⇒ = ~ 밖에 없다, ~ 해야 한다 《앞 문장의「～以上(~이상)」로 나타난 조건을 받는다.》

43. 「～ことにしている」⇒ ~ 한다는 것을 정해놓고 있다, ~ 하는 것을 습관으로 하고 있다 《스스로 결정한 예정이랑 습관을 말한다.》

44. 「～てもしかたがない」⇒ ~ 라도 의미가 없다, ~ 라는 상태가 되는 것은 당연하다 《「1 ～てもかまわない」⇒ ~ 라는 상태가 되더라도 신경 안 쓴다》

問題 8

45. (子どもがたくさんいると) 2 生活が苦しくなる **4 というけれど** 1 子どもがいる 3 からこそ (仕事をがんばる力が出る。) 아이가 많이 있으면 생활이 어려워진다지만, 아이가 있기 때문에 일을 열심히 할 수 있는 힘이 생긴다.

46. (世の中が) 3 豊かに **2 なるにつれ** 1 助け合いの気持ちが 4 薄く (なってきた。) 세상이 윤택해 짐에 따라 서로 돕는 마음이 없어지기 시작했다.

47. (この家も建てた) 2 ときは 4 きれいだったが **3 とき** 1 とともに (あちこち修理が必要になってきた。) 이 집도 지었을 때는 깨끗했지만, 세월과 더불어 여기 저기 수리가 필요해지기 시작했다.

해설

48 (B「カレーよ。カレー) 4 と 2 いっても 1 普通のカレー 3 じゃなくて（インド風のものよ。」)
A 오늘 저녁은 뭘까?
B 카레야. 카레라 해도 평범한 카레가 아니라 인도풍 카레야.

49 (お金が足りないなら、親に) 4 借りる 2 より 1 ほか 3 ない (だろうね。) 돈이 모자란다면 부모님께 빌리는 수 밖에 없겠지.

제10회 모의테스트

問題 1
1	2
2	3
3	1
4	4
5	2

問題 2
6	3
7	1
8	3
9	1
10	4

問題 3
11	4
12	3
13	1
14	1
15	2

問題 4
16	4
17	2
18	4
19	2
20	1
21	1
22	2

問題 5
23	4
24	3
25	1
26	4
27	2

問題 6
28	1
29	2
30	3
31	4
32	2

問題 7
33	4
34	3
35	2
36	1
37	3
38	1
39	3
40	2
41	1
42	4
43	1
44	4

問題 8
45	1
46	2
47	4
48	1
49	3

問題 9
50	2
51	1
52	3
53	2
54	4

해설

問題 7

33 「A に加え B」⇒ A가 있는데도, 게다가 B도

34 「~こそ」⇒ 앞에 오는 말을 강조하고 있다

35 「동사ます형／명사 + 次第…」⇒ ~하자 바로 (…하다)

36 「동사사전형 + たびに」⇒ ~할 때는 언제나

37 「~に先立って」⇒ ~하기 전에《【cf】「1 前もって」⇒「前もって予約する」라고는 하지만,「出発に前もって」라고는 하지 않는다. ／「4 ~に先がけて」⇒ 다른 것 보다 빨리 ~하다【ex】他社に先がけてわが社が発売する。 다른 회사보다 앞서서 우리 회사가 발매하다.》

38 「お~なれる」⇒「~することができる(~ 할 수 있다)」의 존경어

39 「~てしょうがない」⇒ 다른 방법이 없이 ~ 할 수 밖에 없다, 아주 ~이다 ≒ ~てたまらない(~해서 죽겠다)／~てならない(~해서 견딜 수가 없다)《「4 しょうもない」=「くだらない(시시하다)」라는 의미. 【ex】しょうもないテレビ番組 시시한 텔레비전 프로그램》

40 「~はずがない」⇒ 절대로 ~ 하지 않을 것이다, ~라는 가능성은 없다

41 「~ようにする」⇒ 될 수 있으면 ~하도록 노력하다

42 「~ないかぎり」⇒ ~하지 않으면, ~않는 이상은【ex】雨が降らないかぎり、出かけるつもりだ。비가 오지 않는 한, 외출할 생각이다.

43 「동사ます형 + つつある」⇒ 점점 상태가 변화하고 있다《「緑」가 주어이기 때문에,「消える」를 쓴다.》

44 「子どもたちを」라는 대상이 나와있기 때문에 어울리는 것은「笑わせる」이다.

問題 8

45 (たとえ) 2 どんなに 3 反対 **1 された** 4 ところで (、私は彼女と結婚するつもりだ。) 가령 아무리 반대 당하더라도 나는 그녀와 결혼할 생각이다.

46 (成績が悪いのが) 3 くやしくて **2 泣く** 4 くらい 1 なら (もっと勉強すればよいのに。) 성적이 나쁜 것이 억울해서 울 정도면 더 공부하면 될 텐데.

47 (ラジオの) 1 ニュースを 3 通じて **4 地震の被害の** 2 大きさを (はじめて知った。) 라디오 뉴스를 통해서 지진피해의 규모를 처음으로 알았다.

48 (だれに聞いても) 2 手伝える 4 人がいない **1 と** 3 なると (、私1人でやるしかない。) 모두에게 물어봐도 도와줄 사람이 없다면 나 혼자서 하는 수 밖에 없다.

49 (目の前にごちそうを出されたら、いくら) 4 ダイエット中 1 でも **3 食べない** 2 では (いられない。) 눈 앞에 맛있는 음식이 나오면 아무리 다이어트 중이라도 안먹을 수는 없다.

제11회 모의테스트

問題 1
- 1: 3
- 2: 1
- 3: 1
- 4: 4
- 5: 2

問題 2
- 6: 3
- 7: 1
- 8: 3
- 9: 4
- 10: 1

問題 3
- 11: 4
- 12: 1
- 13: 3
- 14: 4
- 15: 2

問題 4
- 16: 3
- 17: 1
- 18: 4
- 19: 4
- 20: 2
- 21: 3
- 22: 4

問題 5
- 23: 3
- 24: 4
- 25: 2
- 26: 4
- 27: 1

問題 6
- 28: 3
- 29: 1
- 30: 2
- 31: 3
- 32: 4

問題 7
- 33: 4
- 34: 1
- 35: 4
- 36: 4
- 37: 2
- 38: 4
- 39: 3
- 40: 1
- 41: 4
- 42: 2
- 43: 3
- 44: 1

問題 8
- 45: 4
- 46: 1
- 47: 2
- 48: 4
- 49: 1

問題 9
- 50: 2
- 51: 2
- 52: 2
- 53: 3
- 54: 4

해설

問題 7

33 「〜にかぎらず」⇒ ~ 뿐만 아니라

34 「〜もので」⇒ ~라는 이유로【ex】お金がないもので、買えません。 돈이 없어서 못삽니다.

35 「あり得なくない」⇒ 이중부정으로「あり得る(있을 수 있다)」라는 의미이다.

36 「〜をはじめとする／して」⇒ ~를 대표로 해서《중심이 되는 것을 말한다.【ex】この店にはワインをはじめとして世界中のお酒がある。 이 가게는 와인을 비롯해서 전세계의 술이 있다.》

37 「동사た형 + きり」⇒ 마지막으로 ~을 한 채 쭉 같은 상태로【ex】朝にパンを食べたきり、何も食べていません。 아침에 빵을 먹은 채 아무것도 먹지 않았습니다.

38 「동사た형 + か + 동사ない형 + かのうち」⇒ ~하자 거의 동시에 ...

39 「〜における」⇒ 그 때와 장소에서【ex】戦前における100円の価値 전전에 있어서의 100 엔의 가치

40 「なにも」⇒ 부정표현과 같이 사용하여「어떤 원인・이유라도」라는 의미《「〜わけではない」⇒ 반드시 ~ 라는 것은 안 된다【ex】少し損をしたって、なにも会社がつぶれるわけではない。 조금 손해를 본다고 해서 특별히 회사가 망하는 것은 아니다.》

41 「〜ないこともない」⇒ 절대로 ~ 라는 것은 아니다, ~ 해도 된다

42 「だれが〜だろう」⇒ '아무도 ~ 하지 않는다'라는 반어적 표현

43 「〜からといって」⇒ ~ 라는 원인・이유라도

44 「来てください」의 경어표현

問題 8

45 (この薬はよく) 1 効くが 2 人に **4 よっては** 3 アレルギー (を起こすので、注意が必要だ。) 이 약은 잘 듣지만, 사람에 따라서는 알레르기를 일으키기 때문에 주의가 필요하다.

46 (過去10年間のデータ) 4 に 2 基づいて **1 予想した** 3 結果 (、これからも子どもは減り続けるだろう。) 과거 10년간 데이터에 근거해서 예상한 결과 앞으로도 아이는 계속 감소할 것이다.

47 (宿題を忘れないように何度) 3 注意された **2 ことか** 4 わからないのに 1 また忘れて (しまった。) 숙제를 잊어버리지 말라고 몇 번이나 주의 받았는지 모르는데 또 잊어버렸다.

48 (あのときは)1 あわてて **4 いた** 2 にせよ 3 ばかなことを (してしまったと後悔している。) 그 때는 당황했다고 하더라도 바보 같은 짓을 했다고 후회하고 있다.

49 (年齢から)4 いえば 2 兄のほうが **1 しっかりしても** 3 よい (はずなのに、弟のほうがしっかりしている。) 나이로 봐서는 형이 야무져야 할 텐데 남동생이 더 야무지다.

제12회 모의테스트

問題 1
1	3
2	1
3	2
4	3
5	2

問題 2
6	4
7	1
8	1
9	2
10	4

問題 3
11	2
12	3
13	1
14	2
15	3

問題 4
16	2
17	3
18	2
19	3
20	2
21	1
22	4

問題 5
23	4
24	3
25	1
26	2
27	3

問題 6
28	2
29	1
30	2
31	2
32	3

問題 7
33	4
34	1
35	2
36	1
37	4
38	3
39	3
40	2
41	1
42	2
43	4
44	3

問題 8
45	1
46	3
47	4
48	1
49	2

問題 9
50	2
51	3
52	1
53	4
54	2

해설

問題 7
33 「동사た형 + ばかりだ」⇒ 어떤 일이 행해지는 시간이 그다지 지나지 않았다

34 「~により」⇒ ~ 가 원인・이유로 《ex》先生は風邪によりお休みです。 선생님은 감기 때문에 쉽니다.》

35 「~ついでに」⇒ 뭔가를 할 때 같이 《cf》「3 ~かたわら」⇒ 뭔가 어떤 일을 하면서 또 다른 하나의 일을 하는 것을 말한다. 【ex】会社勤めのかたわら小説を書く。 회사근무 하는 한편 소설을 쓴다.》

36 「동사ます형 + かけ(の)」⇒ ~ 하고 있는 도중의… 《cf》動詞ます形+ かける ⇒ 도중까지 ~하다, 지금이라도 ~ 할 듯이 되다【ex】事故で死にかける。 사고로 죽을 뻔하다.》

37 「~に際して」⇒ ~ 할 때는 《구어체 보다는 문어체에 쓰이는 경우가 많다.》

38 「~うえで(も)」⇒ ~ 의 면에서 봐서, ~ 할 때는【ex】日本文学を語るうえで『源氏物語』は非常に重要だ。 일본문학을 말할 때 '겐지모노가타리'는 상당히 중요하다.

39 「동사사전형 + やいなや」⇒ ~ 하면 바로 = ~가 早いか

40 「(さ)せていただく」⇒ 상대방에게 허가를 받아, 어떤 동작을 하는 것을 말한다.

41 「~ないうちに」⇒ ~ 라는 상황이 되기 전에

42 「~たら」⇒ 여기서는 '어떤 동작이 끝나면 다음에' 라는 의미

43 「동사의지형 + ものなら」⇒ 만약 만에 하나 ~ 한다면 《나쁜 결과를 동반한다.【ex】1回でも間違えようものなら、そこで終わりだ。 한 번이라도 틀린다면 그것으로 끝이다.》

44 「~だけのことはあって」⇒ ~ 라는 가치는 있어 《찬사가 뒤에 이어진다.【ex】名医と言われるだけあって見事な手術だ。 명의라 불리는 만큼 훌륭한 수술이다.》

問題 8
45 (1回試験に失敗した) 3 からと 1 いって 4 あきらめる 2 ことは (ないですよ。) 한 번 시험에 실패했다고 해서 포기할 필요는 없어요.

46 (砂漠の動物たちは) 2 水がないという 4 きびしい 3 条件の 1 もとで (必死に生きている。) 사막의 동물들은 물이 없다는 힘든 조건하에서 필사적으로 살아가고 있다.

47 (アメリカの大学に行くのに、) 2 お金の問題は 4 ともかくとして 3 英語の授業に 1 ついて (いけるのだろうか。) 미국에 있는 대학에 가는데 돈 문제는 제쳐두고라도 영어수업에 따라갈 수 있을까?

48 (入院中の) 4 社長に 1 かわって 2 副社長が 3 会社経営 (にあたることになった。) 입원중의 사장님을 대신해서 부사장님이 회사경영을 하게 되었다.

49 (B「10年前の常識が) 3 非常識に 4 なってしまった 2 ものだって 1 少なくは (ないよ。」)
A 이것이 회사의 상식이라는 것이다.
B 10년 전의 상식이 비상식이 되어 버린 것도 적지 않아.

제13회 모의테스트

問題 1
1	1
2	3
3	3
4	4
5	2

問題 2
6	3
7	1
8	2
9	4
10	2

問題 3
11	1
12	3
13	4
14	2
15	1

問題 4
16	4
17	1
18	3
19	4
20	3
21	1
22	2

問題 5
23	3
24	1
25	3
26	2
27	1

問題 6
28	4
29	2
30	1
31	4
32	3

問題 7
33	2
34	4
35	1
36	3
37	2
38	3
39	4
40	1
41	2
42	1
43	3
44	3

問題 8
45	2
46	4
47	3
48	1
49	2

問題 9
50	1
51	1
52	3
53	4
54	3

해설

問題 7

33 「〜に(も)渡って」⇒ 어떤 범위까지 미쳐《범위가 있는 시간·지역·횟수를 말한다.》

34 「〜に関する」⇒ 〜에 대해서의, 〜에 관계가 있는【ex】政治や宗教に関する話題 정치나 종교에 관한 주제

35 「동사た형 +かと思ったら」⇒ 〜해 바로 …을 하다《화자의 놀람과 포기한 마음을 나타낼 때 쓰이는 경우가 많다.【ex】息子は宿題をしていたかと思ったら、もうテレビを見ている。 아들은 숙제를 하고 있는 줄 알았더니 이미 텔레비전을 보고 있다.》

36 「동사た형／명사+(の)あげく」⇒ 여러 가지 한 결과, 마지막에〜《바람직하지 않은 결과에 쓴다.》

37 「〜にしたら」⇒ 〜라는 입장에 있는 사람에 있어서는, 〜라면【ex】子どもにしたら、ガラクタだっておもちゃだ。 아이들 입장에서는 잡동사니도 장난감이다.

38 「〜に伴う」⇒ 어떤 일에 부수해서 일어나다【ex】近代化に伴う変化 근대화에 동반한 변화

39 「〜に過ぎない」⇒ 그저 〜라는 것·일이다【ex】私は1人の平凡な男に過ぎない。 나는 한 사람의 평범한 남자에 지나지 않는다.／そんなの言い訳に過ぎない。 그런 것은 변명에 불과하다.

40 「동사ます형 +ぬく」⇒ 어떤 일을 마지막까지 열심히 하다【ex】苦しい戦争を戦いぬいて、勝利した。 고통스러운 전쟁을 끝까지 싸워 승리했다.

41 다른 사람으로부터 뭔가 해 받는 것에 대해서「〜ていただく」를 쓰며, 상대방에게 정중하게 의뢰하고 있다.

42 「〜ことになっている」⇒ 〜라는 습관·규칙이다【ex】リーダーは投票で決めることになっている 리더는 투표로 정하게 되어 있다.

43 「〜べきではない」⇒ 당연 〜해서는 안 된다《앞 문장을 받아 상식적인 판단을 나타낸다.》

44 「〜ば〜ほど…」⇒ 〜하면 할수록…【ex】勉強すればするほど成績が上がる。 공부하면 할수록 성적이 오른다.

問題 8

45 (子ども) 4 向けの 2 本の中には 1 大人に 3 とって (おもしろいものもたくさんある。) 아이들 대상의 책 중에는 어른에게 재미있는 것도 많이 있다.

46 (あのレストランは) 1 値段も 4 安ければ 2 味も 3 よい (が、いつも込んでいるのが困る。) 그 레스토랑은 가격도 싸고 맛도 좋지만, 항상 손님이 많아 곤란하다.

47 (前の社長の息子を) 2 新社長 3 として 1 新しい 4 体制 (をスタートさせる。) 전 사장님의 아들을 신 사장님으로서 새로운 체재를 스타트 시키다.

67

해설

48 (しょうゆを) 3 ぬきにしては 1 日本料理 2 は 4 語れない。 간장을 빼고는 일본요리는 말할 수 없다.

49 (娘が無事と) 1 わかって 3 泣くやら 2 笑う 4 やらで (家族は大騒ぎだった。) 딸이 무사하다는 것을 알고 울며 웃으며 가족들은 대소동이었다.

제14회 모의테스트

問題 1
1. 4
2. 2
3. 2
4. 2
5. 3

問題 2
6. 2
7. 1
8. 3
9. 2
10. 4

問題 3
11. 4
12. 2
13. 3
14. 1
15. 3

問題 4
16. 1
17. 2
18. 4
19. 1
20. 3
21. 3
22. 1

問題 5
23. 4
24. 2
25. 2
26. 3
27. 2

問題 6
28. 2
29. 1
30. 2
31. 3
32. 1

問題 7
33. 2
34. 4
35. 1
36. 2
37. 2
38. 3
39. 3
40. 4
41. 2
42. 2
43. 1
44. 3

問題 8
45. 2
46. 3
47. 4
48. 4
49. 1

問題 9
50. 1
51. 3
52. 3
53. 2
54. 4

해설

問題 7
33. 「〜だとか」⇒ 확실하지 않은 것을 전하고 있다
34. 「〜といったら…」⇒ ~는 아주…이다《화자의 기분을 강조하는 표현》
35. 「〜からこそ」⇒ ~ 라는 이유로《이유를 강조하고 있다. 【ex】子どもがかわいいからこそしかる。아이가 귀엽기 때문에 꾸짖는다.》
36. 「〜を中心に」⇒ ~를 주된 것으로서, ~을 중심으로 해서
37. 「〜にかかわりなく」⇒ ~ 에 관계없이
38. 「〜ばかりか…」⇒ ~ 뿐만 아니라 더욱이…
39. 「〜を契機に(して)」⇒ ~ 을 뭔가 시작하는 이유로 해서
40. 「〜に決まっている」⇒ 절대 ~하다, 당연히 ~이다
41. 「〜ものではない」⇒ ~ 하지 않는 것이 당연하다《일반적인 상식 등을 말할 때 쓰기 때문에 '~하지 않는 것이 좋다'는 충고의 의미도 된다.》
42. 「동사ます형／い형용사・な형용사의 어간 + すぎる」⇒ 어떤 행위나 상태가 한도를 넘고 있다《그 부정형이기 때문에 '한도를 넘지 않는 정도로 ~하다'라는 의미가 된다.》
43. 「〜ところ」⇒ 특정상황을 말한다. 이 경우 '~ 해야 할 상황'이라는 의미
44. 「동사ます형 + きれない」⇒ 완전히 ~할 수 없다

問題 8
45. (日本語が読めない人) 1 にも 3 理解できる <mark>2 ように</mark> 4 絵による (マークがつけられている。) 일본어를 못 읽는 사람도 이해할 수 있도록 그림 마크가 붙여져 있다.
46. (やろうか) 4 やめよう <mark>3 かと</mark> 2 迷ったときは 1 やったほうが (悔やまなくてすむことが多い。) 할지 말지 망설일 때는 하는 편이 후회하지 않고 해결되는 일이 많다.
47. (お客様の意見を) 2 もとに <mark>4 して</mark> 1 新製品を 3 作る (ための会議が開かれた。) 고객의 의견을 토대로 해서 신제품을 만들기 위한 회의가 열렸다.
48. (親の遺産を) 1 めぐって 2 兄弟が <mark>4 はげしく争った</mark> 3 あげく (とうとうけんか別れになった。) 부모님의 유산을 둘러싸고 형제가 격렬하게 싸워 결국은 화해도 하지 않은 채 헤어졌다.
49. (旅好きの主婦が多いのは、めずらしい景色を見るのが) 2 好きな 3 だけでなく <mark>1 料理をしなくていい</mark> 4 ということ (も理由の1つだ。) 여행을 좋아하는 주부가 많은 것은 진귀한 풍경을 보는 것을 좋아하는 것뿐만 아니라 요리를 하지 않아도 된다는 것도 이유의 하나이다.

제15회 모의테스트

問題 1
1	1
2	1
3	3
4	1
5	3

問題 2
6	1
7	2
8	3
9	1
10	4

問題 3
11	3
12	2
13	3
14	2
15	1

問題 4
16	1
17	3
18	4
19	2
20	4
21	3
22	2

問題 5
23	1
24	3
25	4
26	1
27	2

問題 6
28	3
29	4
30	3
31	2
32	2

問題 7
33	2
34	3
35	4
36	4
37	1
38	1
39	1
40	2
41	1
42	3
43	1
44	2

問題 8
45	3
46	2
47	1
48	4
49	1

問題 9
50	2
51	3
52	1
53	1
54	4

해설

問題 7
33 「~にかけて(も)」⇒ ~라는 중요한 것을
34 「~(の)くせに…」⇒ ~일 텐데…《화자의 비난과 불만의 마음을 나타낸다.》
35 「~もかまわず」⇒ ~도 신경 쓰지 않고
36 「동사た형 + とたんに」⇒ 어떤 일이 일어난 바로 뒤에《「とたん」앞에 오는 동사는 た형》
37 「동사て형 + からでないと」⇒ ~을 먼저 한 후가 아니면
38 「명사 + だらけ」⇒ '명사'가 많이 있는 모습을 말한다.
39 「A というよりB」⇒ A 하기 보다 B로 하는 편이 좋다
40 「동사ます형 + かねない」⇒ ~할 가능성이 있다《걱정이나 불안의 마음을 말한다.》【ex】彼ならこれを全部食べかねない。그러면 이것을 전부 먹을 수 있을 것이다.
41 「~まま」⇒ 어떤 상태・동작을 계속하면서
42 「~おそれがある」⇒ ~(나쁜 일이)될 지도 모른다
43 「~でいらっしゃる」⇒「~である(이다)」의 존경어《상대방의 이름을 확인할 때에 자주 쓰인다.》
44 「怒る」하는 것은「自分」이라는 것에 주의.「動詞ます形 + そう(になる)」⇒ 어떤 동작을 행할 가능성이 높아진다(실제로는 아직 하지 않았다)

問題 8
45 (気分が悪くて病院に行ったが) 4 さんざん 1 待たされた **3 あげくに** 2 診察はすぐ (終わり、「ただのかぜです」と言われた。) 몸이 좋지 않아 병원에 갔는데 몹시 기다리게 하더니 진찰은 금방 끝나 '그냥 감기입니다'라고 했다.
46 (皮肉で冷たいと) 4 言われる 1 彼も **2 子どもに** 3 対しては (いつもやさしかった。) 빈정거리고 차갑다는 말을 듣는 그도 아이에게는 늘 상냥했다.
47 (この会社は) 2 新卒か **1 既卒かを** 3 問わず 4 採用試験を (受けることができます。) 이 회사는 갓 졸업했는지 이미 졸업했는지를 불문하고 채용시험을 칠 수 있습니다.
48 (新しい教育方法が) 1 実行されるのに **4 先立ち** 3 少数の学校で 2 試してみる (ことになった。) 새 교육방법이 실행되는데 앞서 소수의 학교에서 시험해 보게 되었다.
49 (木村さんほどのベテランのガイドが) 2 道に迷う 4 ことなど **1 あるまいが** 3 一応 (警察に電話しよう。) 기무라씨 정도의 베테랑 가이드가 길을 헤매는 일은 없겠지만 일단은 경찰에 전화하자.

부록 중요어휘 및 연습문제 정답

동사　　　　　　　　p.4~10

問題 1

「~る」
(あせ)る 안달하다, 조급하게 굴다
(うけたまわ)る '받다'의 겸사말, 삼가 받다
(え)る 얻다
(おく)る 선사하다, 보내다
(かぎ)る 제한하다
(かさ)ねる 겹치다, 되풀이하다
(こお)る 얼다, 차게 느껴지다
(さぐ)る 찾다, 탐색하다
(さ)さる 꽂히다, 찔리다
(す)る 인쇄하다
(せま)る 다가오다, 직면하다
(たよ)る 의지하다, 믿다
(つ)る 낚다, 잡다
(て)る 밝게 빛나다, (날씨가) 개다
(に)る 닮다
(はか)る (무게, 길이 양을) 재다
(はか)る (무게, 길이 양을) 재다
(ふ)れる 닿다, 접촉하다
(ほ)る 파다, 캐다
(やぶ)る 찢다, 부수다

「~える」
(お)さえる 누르다, 억제하다
(か)える 바꾸다, 교환하다
(か)える 바꾸다, 교환하다
(こご)える 추워서 감각이 없어지다
(ささ)える 받치다, 지탱하다
(そな)える 구비하다, 대비하다
(たと)える 예를 들다, 비유하다
(と)らえる 잡다, 붙잡다
(ふる)える 흔들리다, 떨리다

「~める」
(あたた)める 데우다
(あたた)める 따뜻하게 하다
(あらた)める 고치다, 개선하다
(うす)める 묽게 하다, 연하게 하다
(う)める 묻다, 채우다
(おさ)める 진정시키다, 다스리다
(おさ)める 넣다, 챙기다
(おさ)める 납부하다, 바치다
(し)める 차지하다
(せ)める 꾸짖다, 비난하다
(つと)める 근무하다, 종사하다
(つと)める 노력하다
(つと)める 역할을 하다
(つ)める 채우다, 좁히다
(みと)める 인정하다, 허가하다
(や)める 사임하다, 그만두다

「~れる」
(あば)れる 날뛰다, 난폭하게 굴다
(おそ)れる 무서워하다, 겁내다
(か)れる 마르다, 시들다
(すぐ)れる 뛰어나다, 훌륭하다
(めぐ)まれる 기회, 재능이 주어지다, 모자람이 없다
(みだ)れる 흐트러지다, 혼란해지다
(ゆ)れる 흔들리다

「~う」
(いわ)う 축하하다
(うしな)う 상실하다, 잃어버리다
(うば)う 빼앗다
(うやま)う 숭배하다, 공경하다
(うらな)う 점치다
(おお)う 덮다, 가리다
(おぎな)う 보충하다, 보상하다
(くる)う 미치다, 정상이 아니다
(さか)らう 거스르다, 반항하다
(ととの)う 정돈되다, 갖추어지다
(やと)う 고용하다

「~く」
(いだ)く/(だ)く 안다/(마음에) 품다
(えが)く 그리다, 묘사하다
(かがや)く 빛나다
(かせ)ぐ (일하여) 벌다
(かたむ)く 기울다, 비스듬해지다
(かわ)く 마르다, 건조하다
(き)く 효력이 있다, 듣다
(つ)く 취업하다, 지위에 오르다
(と)く 풀다, 뜯다
(とど)く 닿다, 미치다
(ぬ)ぐ 벗다
(のぞ)く 없애다, 제외하다
(は)く 쓸다, 비질하다
(はぶ)く 줄이다, 생략하다

(ふせ)ぐ 막다, 방지하다
(ま)く 말다, 감다
(わ)く (물이)끓다

「～す」
(あま)やかす 응석을 받아주다
(お)ろす 내리다
(かく)す 감추다, 숨기다
(く)らす 살다, 지내다
(こ)す 넘다, 넘기다
(こ)す 초과하다, 넘다
(こわ)す 부수다, 고장내다
(さが)す 찾다
(さ)ます (잠을)깨우다
(さ)ます 식히다
(す)ごす (시간을)보내다, 지내다
(たがや)す (논밭을)갈다, 경작하다
(ち)らかす 흩뜨리다, 어지르다
(なお)す 병을 고치다, 치료하다
(な)くす 여의다, 사별하다
(な)らす 소리를 내다, 울리다
(のが)す 놓아주다, 놓치다
(ひ)やす 식히다, 차게 하다
(む)す 무겁게 느끼다, 찌다
(も)やす 태우다
(よご)す／(けが)す 더럽히다 / 모독하다

「～む」
(あ)む 엮다, 뜨다
(いた)む 아프다, 괴롭다
(かな)しむ 슬퍼하다
(きざ)む 잘게 썰다, 새기다
(く)む 엇걸다, 짜다
(こ)む 붐비다
(しず)む 가라앉다, (해,달)지다
(たた)む 개다, 접다

(なや)む 괴로워하다, 고민하다
(にく)む 미워하다, 증오하다
(のぞ)む 바라다, 원하다
(はさ)む 끼우다, 사이에 두다
(ふく)む 포함하다

問題 2

1
1 限る 신청은 1인 1회에 한한다.
2 刺さる 가시가 손에 박히다.
3 触れる 조각을 손으로 만지다.
4 刷る 내년 연하장을 인쇄하다.
5 探る 평화에의 길을 찾다.
6 迫る 응모 마감이 다가오다.
7 釣る 강에서 물고기를 낚다.
8 似る 아버지와 성격이 닮다.
9 承る 손님에게 주문을 받다.
10 頼る 실직해버려서 부모님을 의지하다.

2
1 乱れる 큰눈으로 전철 운행에 혼란이 일어나다.
2 測る 역까지 거리를 재다.
3 計る 짐의 무게를 재다.
4 破る 잘못 써서 종이를 찢다.
5 掘る 지면에 구멍을 파다.
6 焦る 과제가 좀처럼 끝나지 않아서 안달하다.
7 贈る 생일선물을 보내다.
8 凍る 추위에 호수가 얼다.
9 照る 밝게 태양이 비치다.
10 重ねる 상품 개발을 위해 몇 번이나 회의를 반복하다.

3
1 奪う 날치기가 가방을 빼앗다.
2 補う 영양제로 영양을 보충하다.
3 敬う 신불을 공경하다.

4 失う 일에서 실패해서 신용을 잃다.
5 占う 손금으로 장래를 점치다.
6 覆う 사고현장의 무서움에 눈을 가리다.
7 祝う 남동생의 결혼을 축하하다.
8 整う 회의 준비가 되다.
9 狂う 일이 늦어져서 예정이 틀어지다.
10 雇う 아르바이트 점원을 고용하다.
11 逆らう 부모의 의견을 거스르다.

4
1 抱く 장래의 꿈을 품다.
2 解く 친구의 오해를 풀다.
3 稼ぐ 일해서 생활비를 벌다.
4 輝く 아침 해가 눈부시게 빛나다.
5 乾く 밖에 말린 빨래가 마르다.
6 傾く 지진으로 집의 기둥이 기울다.
7 効く 병원에서 받은 약이 효과가 있다.
8 就く 희망했던 일에 취직하다.
9 掃く 빗자루로 바닥을 쓸다.

5
1 届く 아버지로부터 온 선물이 도착하다.
2 脱ぐ 옷을 갈아입기 위해 옷을 벗다.
3 除く 검사를 해서 불안을 없애다.
4 省く 자세한 설명을 생략하다.
5 防ぐ 창문을 닫아서 바람을 막다.
6 巻く 붕대를 손목에 감다.
7 沸く 물이 끓다.
8 描く 아름다운 풍경을 그림으로 그리다.

6
1 暮らす 집을 나와 혼자서 살다.

2 冷ます 뜨거운 스프를 식히다.
3 超す 출석자가 100명을 넘다.
4 甘やかす 아이의 응석을 받아주다.
5 捜す 살인사건의 범인을 찾다.
6 汚す 넘어져서 옷을 더럽히다.
7 覚ます 아침 일찍 잠을 깨다.

7
1 過ごす 무료한 매일을 지내다.
2 耕す 밭을 갈다.
3 越す 타워의 높이가 500미터를 넘다.
4 壊す 오래된 건물을 부수다.
5 隠す 들키지 않도록 악행을 감추다.
6 冷やす 열이 났기 때문에 머리를 식히다.
7 逃す 중요한 기회를 놓치다.

8
1 治す 입원해서 병을 치료하다.
2 亡くす 양친을 잇달아 여의다.
3 蒸す 전용 도구로 야채를 찌다.
4 燃やす 낙엽을 태우다.
5 鳴らす 벨을 울리다.
6 散らかす 아이가 방을 어지르다.
7 降ろす 승객을 버스에서 내려놓다.

9
1 悲しむ 친구와의 이별을 슬퍼하다.
2 組む 소파에 앉아 다리를 꼬다.
3 痛む 위가 콕콕 아프다.
4 畳む 비가 그쳤기 때문에 우산을 접다.
5 含む 이 식품은 철분을 많이 함유하다.
6 挟む 빵에 치즈를 끼우다.
7 望む 동료보다도 빠른 출세를 바라다.

10
1 憎む 사람들의 목숨을 빼앗은 전쟁을 증오하다.
2 悩む 진학인지 취직인지 진로로 고민하다.
3 沈む 석양이 지다.
4 編む 털실로 스웨터를 짜다.
5 刻む 야채를 잘게 썰다.
6 込む 러시아워로 전철이 붐비다.
7 換える 포인트를 상품권으로 바꾸다.
8 凍える 차가운 물때문에 손이 차가워지다.

11
1 例える 인생을 강의 흐름에 비유하다.
2 震える 비에 젖어서 추위에 떨리다.
3 捕らえる 드디어 범인을 잡다.
4 備える 대지진에 대비하다.
5 替える 엔을 유로로 바꾸다.
6 支える 아르바이트로 가계를 유지하다.
7 押さえる 바람이 불었기 때문에 스커트를 붙잡다.
8 得る 유명한 상을 받아 명성을 얻다.

12
1 改める 회사의 규칙을 개정하다.
2 埋める 재보(재화와 보물)를 땅 속에 묻다.
3 詰める 상자에 낡은 옷을 담다.
4 薄める 술을 물로 묽게 하다.
5 認める 상대의 승리를 인정하다.
6 務める 새롭게 의장을 맡다.
7 勤める 다년간 같은 회사에 근무하다.
8 占める 찬성의견이 과반수를 차지하다.

13
1 辞める 의원직을 그만두다.
2 納める 세금을 납부하다.
3 収める 승리를 거두다.
4 治める 국왕이 나라를 다스리다.
5 責める 부하의 실패를 꾸짖다.
6 暖める 에어컨으로 방을 따뜻하게 하다.
7 温める 냄비로 스프를 데우다.
8 努める 대학에서 연구에 힘쓰다.

14
1 枯れる 물을 주지 않아서 꽃이 시들다.
2 恵まれる 좋은 환경이 주어지다.
3 暴れる 학교에서 학생이 날뛰다.
4 優れる 영어 성적이 우수하다.
5 揺れる 꽃이 바람에 흔들리다.
6 恐れる 실패를 두려워하다.

복합동사 · 복합명사　　p.11~15

복합동사

1
1 当てはまる 조건에 딱 들어맞다.
2 言い出す 여행의 출발직전에 '가고 싶지 않다'고 말을 꺼내다.
3 言い付ける 선생님에게 몰래 고자질하다.
4 打ち消す 어제 말한 것을 부정하다.
5 裏返す 핫케이크를 능숙하게 뒤집다.
6 思い付く 좋은 방법이 떠오르다.
7 引き出す 아이의 숨겨진 재능을 끌어내다.

⑧ 見舞う 재해지의 사람들을 위문하다.
⑨ 落ち着く 기분이 안정되다.
⑩ 長引く 회의가 길어지다.
⑪ 通りかかる 사고현장을 우연히 지나가다.

2
① 受け持つ 술자리의 회계를 담당하다.
② 組み立てる 프라모델을 조립하다.
③ 区切る 토지를 작게 구획짓다.
④ 差し引く 식비를 월급에서 차감하다.
⑤ すれちがう 길에서 아는 사람과 마주 지나가다.
⑥ 突っ込む 자동차가 편의점으로 돌진하다.
⑦ 釣り合う 두 물체의 무게가 균형이 잡히다
⑧ 当てはめる 자신의 경험에 맞추다.
⑨ 溶け込む 새로운 직장에 융화되다.
⑩ 追いつく 라이벌을 겨우 따라잡다.
⑪ 見上げる 별이 총총한 밤하늘을 올려다보다.
⑫ 見下ろす 옥상에서 마을을 내려다보다.

3
① 払い戻す 남은 비용을 환불하다.
② 引き返す 출발점으로 돌아오다.
③ 引き止める 친구를 늦게까지 붙들다.
④ ひっくり返る 발이 미끄러져서 넘어지다.
⑤ 引っ張る 아이가 엄마의 옷을 잡아당기다.
⑥ 横切る 개가 도로를 가로지르다.
⑦ 物語る 눈물을 흘리며 반생을 이야기하다.
⑧ 裏切る 자신의 이익을 위해 친구를 배신하다.
⑨ 見つめる 상대의 얼굴을 가만히 바라보다.

4
① 取り出す 가방에서 지갑을 꺼내다.
② 取り入れる 그의 의견을 플랜으로 도입하다.
③ 近寄る 위험한 장소에 다가가다.
④ 近づく 출발시간이 다가오다.
⑤ 払い込む 세금을 편의점에서 납부하다.
⑥ 追いかける 언제까지나 이상을 쫓다.
⑦ 言い付ける 아이에게 용건 전달을 부탁하다.
⑧ 見直す 답안을 한번 더 검토하다.
⑨ 呼びかける 통행인에게 기부를 호소하다.
⑩ 呼び出す 문제가 많은 학생의 부모를 학교로 부르다.
⑪ 飛び出す 아버지와 싸워서 집을 나오다.
⑫ 取り消す 올해 졸업자 학생의 내정을 취소하다.

5
① 打ち合わせる 졸업식 진행에 대해서 미리 의논하다.
② 思い込む 자신에게는 재능이 있다고 굳게 믿다.
③ 追い越す 결승점 앞에서 2명의 주자를 앞지르다.
④ 支払う 교통비를 전액 지불하다.
⑤ 締め切る 원서 접수를 이달 말로 마감하다.
⑥ 付き合う 이웃 사람과 친하게 사귀다.
⑦ 通り過ぎる 경찰차가 집 앞을 지나가다.
⑧ 飛び込む 봄부터 새로운 생활에 뛰어들다.
⑨ 張り切る 정규 멤버로 선발되어서 힘이 넘치다.

6
① 引き受ける 학생회장을 자진해서 맡다.
② 見送る 공항에서 귀국하는 친구를 배웅하다.
③ 申し込む 그녀에게 과감하게 결혼을 신청하다.
④ 取り上げる 강연에서 도시의 물 문제를 문제삼다.
⑤ 目指す 내년 봄까지는 새로운 건물의 완성을 목표로 하다.
⑥ 持ち上げる 무거운 짐을 가뿐히 들어올리다.

복합명사

1
① 書き取り 한자 받아쓰기 시험이 매일 아침 실시된다.
② 着替え 금방 땀을 흘리기 때문에 갈아입을 옷이 많이 필요하다.
③ 売り切れ 인기 있는 케이크는 벌써 품절이었다.
④ 問い合わせ 빈자리가 있는지 문의하다.
⑤ 組み合わせ 시합 대전이 정해지다.
⑥ 受け取り 이 서류의 인수증에 사인이 필요하다.
⑦ 売り上げ 신상품의 매출이 늘지 않는다.

⑧ 見かけ 그녀는 겉모습과는 달리 꽤 기가 세다.
⑨ 日帰り 온천에 당일치기 여행을 가다.

2
① 打ち合わせ 찻집에서 회의를 하다.
② 出入り 이 집은 사람의 출입이 많다.
③ 突き当たり 똑바로 가서 막다른 곳을 오른쪽으로 돈다.
④ 付き合い 그는 사교성이 좋지 않다.
⑤ 知り合い 그 사람은 나의 오랜 지인입니다.
⑥ 好き嫌い 이 아이는 음식의 편식이 많다.
⑦ 貸し出し 이 책은 대출 금지입니다.
⑧ 売れ行き 맥주의 팔림새가 매우 좋다.
⑨ 引き分け 승부는 무승부로 끝났다.
⑩ 出迎え 공항에 마중하는 차가 왔다.

3
① 仲直り 싸움상대와 화해할 수 있었다.
② 踏み切り 전철이 지나간 후에 건널목을 건너다.
③ 心当たり 그가 왜 자살했는지는 짐작 가는 데가 없다.
④ 出来上がり 작품의 완성된 결과에는 만족하고 있다.
⑤ 見出し 우선 신문의 표제어를 체크하다.
⑥ 乗り越し 전철에서 멍하니 있다가 내릴 역을 지나쳐 버렸다.
⑦ 下書き 메일의 초안을 폴더에 보존하다.
⑧ 日当たり 남향 방이어서 볕이 잘 든다.
⑨ 乗り換え 이 표는 자유롭게 환승할 수 있다.

い형용사   p.16~18

1
① 険しい 가파른 산길을 천천히 오르다.
② 詳しい 그는 토지의 역사를 매우 잘 알고 있다.
③ あやしい 뒷골목에서 수상한 인물을 보다.
④ おしい 그런 것을 하고 있는 시간이 아깝다.
⑤ 恋しい 고향의 부모님이 그립다.
⑥ おとなしい 그 아이는 얌전한 성격이어서 언제나 혼자서 놀고 있다.
⑦ うらやましい 희망한 대학에 들어간 친구가 부럽다.
⑧ かわいらしい 그녀는 귀여운 옷이 어울린다.
⑨ 恐ろしい 어쩐지 실패할 것 같아 두렵다.

2
① そそっかしい 또 휴대전화를 잃어버리다니 덜렁대는 사람이다.
② 憎らしい 아이인 주제에 어른을 놀리다니 얄미운 아이다.
③ 騒々しい 선거로 세상이 떠들썩하다.
④ 頼もしい 그는 단 한 명뿐인 믿음직한 아군이다.
⑤ ばからしい 다른 사람의 눈을 심하게 신경 쓰다니 바보같다.
⑥ くどい 그 사람의 이야기는 항상 지겹도록 장황해서 곤란하다.
⑦ はなはだしい 이번 지진의 피해는 매우 심하다.
⑧ まぶしい 차의 라이트가 눈에 들어와서 눈부시다.
⑨ 等しい 동일한 조건하에 실험을 반복하다.
⑩ 若々しい 엄마는 항상 젊어 보이는 복장을 하고 있다.

3
① やかましい 야간 공사 소리가 시끄럽다.
② 思いがけない 어느 날 고국에서 뜻밖의 사람이 찾아왔다.
③ もったいない 아직 쓸 수 있는 것을 버리다니 아깝다.
④ 賢い 그는 어릴 때부터 영리한 아이였다고 평판이 났다.
⑤ すっぱい 이 레몬은 매우 시다.
⑥ 醜い 산이 무너져서 보기 흉한 모습이 되어 버렸다.
⑦ ゆるい 이 바지는 조금 헐렁하다.
⑧ しつこい 이 요리는 기름기가 많아서 느끼하다.
⑨ 騒がしい 바깥이 소란스러운데 무슨 일이 있는 것일까?

4
① あつかましい 뻔뻔한 부탁이어서 죄송합니다.
② 慌ただしい 용무가 많아서 분주한 하루였다.

③ 悔しい 시합에서 져서 매우 분하다.
④ つらい 병으로 괴로워하는 아이를 보고 있는 것은 괴롭다.
⑤ 幼い 그는 아직 정신적으로 어리다.
⑥ みっともない 이런 문제를 풀지 못하다니 꼴사납다.
⑦ 濃い 그녀의 화장은 꽤 진하다.
⑧ あらい 그 회사는 사람을 거칠게 부린다.
⑨ かゆい 모기에 물린 곳이 가렵다.
⑩ 清い 어머니는 상냥하고 바른 마음의 소유자였다.
⑪ ずるい 이제 와서 도망치다니 교활하다.
⑫ 憎い 나를 배신한 남자가 밉다.

5
① ずうずうしい 그런 실패를 하고 태연하다니 뻔뻔함에도 정도가 있다.
② とんでもない 부모를 속이다니 당치도 않은 아들이다.
③ きつい 역 계단은 노인의 다리에는 고되다.
④ 懐かしい 유학생이었던 시절이 그립다.
⑤ のろい 그는 무엇을 시켜도 느리다.
⑥ 危うい 위험할 뻔 했는데 도움 받았다.
⑦ ありがたい 여행을 나서기 직전에 다행히도 비가 그쳤다.
⑧ おめでたい 그런 거짓말을 믿다니 그도 상당히 어수룩하네.

⑨ 薄暗い 아침, 아직 어둑어둑할 때에 일어나서 조깅을 한다.
⑩ めんどうくさい 친척과의 교제는 귀찮은 경우가 있다.
⑪ 鋭い 범인은 눈빛이 날카로운 남자였다.

な형용사 p.19~25

問題 1
(あき)らかな 분명한, 밝은
(あんい)な 손쉬운, 안이한
(あんしん)な 안심인
(あんぜん)な 안전한
(いがい)な 의외의, 뜻밖의
(いだい)な 위대한
(おんだん)な 온난한
(かいてき)な 쾌적한
(かじょう)な 과잉인
(かくべつ)な 각별한, 유별난
(かって)な 제멋대로 구는
(かんぜん)な 완전한
(かんたん)な 간단한
(きみょう)な 기묘한, 이상한
(きゅうそく)な 급속한
(きよう)な 손재주가 있는, 요령이 좋은
(きょうりょく)な 강력한
(きょだい)な 거대한
(きらく)な 속편한, 홀가분한
(げひん)な 품위가 없는, 상스러운
(げんじゅう)な 엄중한
(ごういん)な 억지로 하는
(こううん)な 행운인
(こうか)な 값이 비싼

(ごうか)な 호화로운
(こうきゅう)な 고급인
(こうとう)な 고등인
(こうへい)な 공평한
(さいこう)な 최고인
(さいてい)な 더없이 나쁜
(じみ)な 수수한, 검소한
(じゅうだい)な 중대한
(じゅうよう)な 중요한
(しゅよう)な 주요한
(じゅんすい)な 순수한
(じゅんちょう)な 순조로운
(しょうきょくてき)な 소극적인
(じょうひん)な 품위가 있는, 고상한
(しんけん)な 진지한
(しんこく)な 심각한
(しんせん)な 신선한, 싱싱한
(しんちょう)な 신중한
(すいちょく)な 수직인
(すいへい)な 수평인
(すなお)な 솔직한, 순순한
(せいかく)な 정확한
(せいけつ)な 청결한, 깨끗한
(せいしき)な 정식인
(せっきょくてき)な 적극적인
(ぜったいてき)な 절대적인
(そうとう)な 대단한 정도에 가까운, 적잖이
(そっちょく)な 솔직한
(そまつ)な 허술한
(たいせつ)な 중요한, 소중한
(だとう)な 타당한
(たんき)な 성미가 급한
(たんじゅん)な 단순한
(つよき)な 기승한, 강경한
(てきかく)な 적확한, 정확한
(てきせつ)な 적절한

(てきど)な 알맞은, 적당한
(とうめい)な 투명한
(とくい)な 숙달되어 있는, 자신이 있는
(とくしゅ)な 특수한
(どくとく)な 독특한
(なまいき)な 건방진, 주제넘는
(ねっしん)な 열심인
(はで)な 화려한, 정도가 심한
(ひつよう)な 필요한
(ひにく)な 빈정거리는, 짓궂은
(びみょう)な 미묘한
(びょうどう)な 평등한
(ふきそく)な 불규칙한
(ふくざつ)な 복잡한
(ふけつ)な 불결한
(ふしぎ)な 불가사의한, 이상한
(ふじゆう)な 부자유한, (부족, 결함으로)마음대로 되지 않아 난처한
(ふせい)な 부정한
(ふとうめい)な 불투명한
(ふべん)な 불편한
(ふまん)な 불만인
(ふり)な 불리한
(へいぼん)な 평범한
(ぼうだい)な 방대한
(ほうふ)な 풍부한
(まんぞく)な 충분한
(むり)な 무리한
(めいかく)な 명확한
(めいわく)な 귀찮은, 성가신
(めんどう)な 번거로운, 귀찮은
(やっかい)な 귀찮은, 성가신
(ゆうこう)な 유효한
(ゆうしゅう)な 우수한
(ゆうのう)な 유능한

(ゆうり)な 유리한
(ようい)な 손쉬운
(ようき)な 명랑한
(ようち)な 유치한, 미숙한
(よけい)な 쓸데없는, 부질없는
(らんぼう)な 거친, 사나운
(りこう)な 영리한, 똑똑한
(れいせい)な 냉정한

問題 2

1

① おだやかな 온후한 인품의 상사는 모두에게 우러름을 받다.
② おおまかな 우선 대충 계획을 세워 주세요.
③ ぜいたくな 대도시에서의 사치스러운 생활을 동경하다.
④ ひきょうな 자신의 실패를 다른 사람 탓으로 하다니 비겁한 사람이다.
⑤ のんきな 퇴직해서 지금은 팔자 좋은 신세입니다.
⑥ でたらめな 그런 엉터리 정보를 누가 흘린 것인가.
⑦ なだらかな 완만한 고개를 풍경을 보면서 천천히 오르다.

2

① 単純な 그는 단순한 성격이기 때문에 속기 쉽다.
② 意外 길에서 뜻밖의 인물과 만났다.
③ 温暖な 이 섬의 1년 내내 온난한 기후가 마음에 든다.
④ 幸運な 또 복권에 당첨되다니 얼마나 운이 좋은 사람인가.

⑤ 下品な 그런 상스러운 말은 쓰는 것이 아니다.
⑥ 過剰な 그녀에게는 자신감이 지나친 점이 있다.

3

① 偉大な 그는 의학상의 위대한 공적을 남겼다.
② 快適な 리조트 호텔에서 쾌적한 하루를 보냈다.
③ 奇妙な 그는 최근에 이상한 행동이 눈에 띈다.
④ 急速な 사건의 급속한 해결에 놀라다.
⑤ 重大な 조급히 굴다가 중대한 실수를 해버렸다.
⑥ 器用な 엄마는 손재주가 정말 좋은 사람이다.
⑦ 上品な 그녀는 매우 품위 있는 얼굴 생김새를 하고 있다.
⑧ 水平な 옆으로 수평인 선을 그어 주세요.
⑨ 新鮮な 신선한 채소를 시장에서 사다.
⑩ 垂直な 이 수직 벼랑을 오르면 산 정상이다.

4

① 格別な 오늘은 이렇다 할 특별한 뉴스는 없다.
② 重要な 회사의 중요한 지위에 오르다.
③ 正確な 이 지도에는 정확한 옛 마을 모습이 그려져 있다.
④ 順調な 남편은 대단히 순조롭게 출세했다.
⑤ 地味な 그 아이는 언제나 수수한 색의 옷을 입고 있다.
⑥ 真剣な 수업을 듣는 학생의 진지한 태도에 좋은 인상을 갖다.

7 強気(つよき)な 이 성적으로 그 대학을 응시하다니 꽤 아귀찬 학생이다.
8 平等(びょうどう)な 관계자 전원에게 이익을 평등하게 분배했다.
9 不潔(ふけつ)な 식품을 불결한 손으로 만져서는 안 된다.

5
1 絶対的(ぜったいてき)な 사장은 절대적인 권력을 가지고 있다.
2 消極的(しょうきょくてき)な 그런 소극적인 자세로는 상대를 이길 수 없다.
3 不自由(ふじゆう)な 나는 언제나 돈에 군색한 생활을 하고 있다.
4 不思議(ふしぎ)な 그의 점은 이상할 만큼 잘 맞는다.
5 複雑(ふくざつ)な 기대와 불안이 섞인 복잡한 기분이 되다.
6 平凡(へいぼん)な 이번에도 또 평범한 성적에 그치다.
7 面倒(めんどう)な 관공서의 번거로운 절차에 질리다.
8 有利(ゆうり)な 우리 회사에 유리한 조건으로 계약하다.

6
1 幼稚(ようち)な 그녀는 정신적으로 꽤 유치한 여성이다.
2 容易(ようい)な 이 멤버로 우승하는 것은 쉬운 일은 아니다.
3 冷静(れいせい)な 어떤 상황에서도 냉정하게 행동하다.
4 豪華(ごうか)な 보너스가 나왔기 때문에 호화로운 식사를 하다.
5 不規則(ふきそく)な 불규칙한 생활 때문에 몸 상태가 안 좋아졌다.
6 勝手(かって)な 그의 제멋대로인 행동이 팀워크를 어지럽히다.
7 不透明(ふとうめい)な 이 사건에는 불투명한 부분이 많다.

7
1 おおざっぱな 우선 대략적인 계획을 세우다.
2 おしゃべりな 수다스러운 그녀는 또 소문 이야기를 하고 있다.
3 けちな 인색한 친구가 왠일로 한턱 냈다.
4 さわやかな 이 꽃은 상쾌한 향기가 난다.
5 厄介(やっかい)な 이웃사람과의 사이에 성가신 문제가 일어났다.
6 わずかな 약간의 수입으로 어떻게든 생활하고 있다.
7 明(あき)らかな 그 두 사람의 능력에는 뚜렷한 차이가 있다.
8 安易(あんい)な 그런 안이한 생각으로는 성공을 바랄 수 없다.
9 安心(あんしん)な 무농약이어서 안심인 채소를 사다.
10 完全(かんぜん)な 완전한 인간 같은 건 있을 리가 없다.

8
1 安全(あんぜん)な 태풍이 오면 바로 안전한 장소로 피난해 주세요.
2 簡単(かんたん)な 이런 간단한 문제도 풀지 못하는 겁니까?
3 強力(きょうりょく)な 깨진 접시를 강력한 접착제로 붙이다.
4 巨大(きょだい)な 이 호수에서 거대한 물고기가 발견 되었다.
5 気楽(きらく)な 회사를 그만두고 자급자족의 속 편한 생활을 하고 싶다.
6 厳重(げんじゅう)な 세관에서 수하물의 엄중한 검사를 당했다.
7 強引(ごういん)な 정부의 억지 증세계획에 반대하다.
8 高価(こうか)な 그 부인은 보기에도 고가의 코트를 입고 있다.
9 高等(こうとう)な 고등전문기술을 익히다.
10 公平(こうへい)な 공평한 입장의 사람의 의견을 참고로 하다.

9
1 高級(こうきゅう)な 이 마을에서 가장 고급 호텔에 묵다.
2 最低(さいてい)な 그 녀석은 태연하게 사람을 배신하는 나쁜녀석이다.
3 主要(しゅよう)な 이것이 오늘 회의의 주요한 의제입니다.
4 深刻(しんこく)な 환경파괴는 전세계에서 심각한 문제가 되고 있다.
5 慎重(しんちょう)な 이 짐은 그렇게 신중하게 다루지 않아도 괜찮습니다.
6 素直(すなお)な 그 아이는 어릴 때부터 부모의 말을 잘 듣는 온순한 아이였다.
7 積極的(せっきょくてき)な 뭐든지 도전하는 적극적인 삶을 살고 싶다.
8 相当(そうとう)な 유학하려면 적잖은 비용이 든다.
9 短気(たんき)な 성미가 급한 사람은 금방 화를 낸다.
10 適切(てきせつ)な 코치는 선수에게 적절한 어드바이스를 했다.

10
1 率直(そっちょく)な 모두의 솔직한 의견을 들려주세요.
2 粗末(そまつ)な 오두막집에는 허술한 만듦새의 침대가 하나 있을 뿐이었다.
3 大切(たいせつ)な 이 사인 볼은 나의 소중한 보물입니다.
4 的確(てきかく)な 선장의 적확한 판단으로 폭풍우를 이겨낼 수 있었다.

5 透明な 이 미술관은 벽에 투명한 소재를 사용하고 있어서 매우 밝다.
6 得意な 대학에 합격해서 흐뭇한 기분이 되다.
7 特殊な 그 영화는 특수한 기술을 사용해서 촬영되었다.
8 熱心な 아버지는 교육에 열심인 사람이었다.
9 派手な 어젯밤 어머니와 심한 싸움을 해버렸다.
10 必要な 입학 때에 필요한 서류를 준비하다.

11
1 皮肉な 그런 빈정거리는 말투는 그만 둬 주었으면 한다.
2 適度な 건강을 위해 매일 적당한 운동을 한다.
3 清潔な 소개받은 선배는 청결한 인상의 사람이었다.
4 妥当な 선거는 예상대로의 타당한 결과였다.
5 微妙な 양자 간에는 미묘한 감정의 차이가 있다.
6 不正な 뒤에서 부정한 거래가 행해졌다.
7 不便な 부모님은 교통이 불편한 곳에 살고 있다.
8 膨大な 은사의 방대한 연구자료를 읽다.
9 独特な 이 그림은 정말로 그다운 독특한 맛이 있다.
10 正式な 입사를 위해 정식 수속을 하다.

12
1 不満な 뭔가 불만인 점이 있으십니까?
2 不利な 전의 회사보다 불리한 조건으로 재취직했다.
3 豊富な 이 건은 풍부한 경험이 있는 그에게 맡기자.
4 満足な 무엇 하나 불편한 것 없는 만족스러운 생활을 하고 있다.
5 生意気な 아이인 주제에 어른에게 건방진 말을 하다.
6 有能な 그녀는 눈치가 빠른 유능한 비서이다.
7 利口な 주인 말을 잘 듣는 영리한 개를 갖고 싶다.
8 有効な 사건해결을 위해 유효한 수단을 찾다.

13
1 明確な 대통령은 바로 명확한 판단을 내렸다.
2 優秀な 그만큼 우수한 기술자는 흔치 않다.
3 陽気な 쾌활한 도민에게 노래와 춤으로 환영 받았다.
4 余計な 내가 결혼하든 말든 쓸데없는 참견이다.
5 乱暴な 그 씨름꾼은 이 마을에서 가장 난폭한 소년이었다.
6 迷惑な 자신의 취향을 밀어붙이는 것은 민폐다.
7 無理な 아무리 생각해도 젊은 그에게는 무리한 일이다.

부사·의성어·의태어 등
p.26~31

1
1 うっかり 약속을 깜빡 잊어버렸다.
2 ぴたり 예상이 딱 맞다.
3 こっそり 한밤중에 들키지 않도록 몰래 집을 나가다.
4 めいめい 입장권은 각자 사 주세요.
5 いきなり 아기가 갑자기 큰소리로 울기 시작했다.
6 ぎっしり 스케줄이 꽉 차다.
7 たっぷり 수면을 충분히 취해서 피로를 풀다.
8 すっきり 충분히 쉬어서 머리가 상쾌해지다.
9 ばったり 밤에는 사람들의 왕래가 끊어진다.

2
1 しきりに 고향이 몹시 그립다.
2 現に 겨울 산은 위험해서 실제로 몇 명이 죽었다.
3 単に 그저 자신의 호기심에 조사해 봤다.
4 わりに 주말인데 가게는 예상외로 한산하다.
5 めったに 이것은 좀처럼 볼 수 없는 희귀한 광경이다.
6 とっくに 막차라면 이미 출발해버렸습니다.
7 じかに 해외의 거래처와 직접 교섭하다.
8 実に 그는 실로 주의가 잘 미치는 남자다.
9 まさに 과다출혈로 정말 목숨을 잃을 뻔했다.
10 ただちに 연락 주시면 바로 가겠습니다.

3
1 ふと 문득 아이디어가 떠오르다.
2 ざっと 파티에는 대략 100명이 참가했다.
3 どっと 큰 일이 끝나서 확 피로가 몰려왔다.
4 じっと 결과가 신경 쓰여서 가만히 있을 수 없다.

5 すっと 불만을 들어줘서 가슴이 후련해졌다.
6 せっせと 곁눈질도 하지 않고 부지런히 일하다.
7 そっと 들키지 않도록 몰래 눈물을 훔치다.
8 きちんと 깔끔한 복장의 신사가 찾아 왔다.

4
1 いきいき 이 작품은 사람들의 생활을 생생하게 그리고 있다.
2 いよいよ 태풍의 접근과 함께 점점 풍우가 강해졌다.
3 うろうろ 변화가를 어슬렁어슬렁 거리는 것은 그만둬.
4 それぞれ 사람의 취향은 저마다 다르다.
5 せいぜい 아무리 노력해도 1달에 1만엔 저금하는 것이 고작이다.
6 続々 개점과 동시에 잇달아 손님이 찾아왔다.
7 たびたび 요즘 자주 물건을 잃어버린다.
8 とうとう 계속 기다렸는데 그녀는 결국 모습을 나타내지 않았다.

5
1 ずらり 상품을 가게 앞에 죽 늘어놓다.
2 しばしば 이 지방은 태풍이 자주 찾아온다.
3 のろのろ 도로 정체로 느릿느릿한 운전이 계속되다.
4 ぴかぴか 번쩍이는 하는 새 차에 타다.
5 ふわふわ 구름이 둥실둥실 떠있다.
6 もともと 그는 원래 거짓말쟁이었다.

7 ぶつぶつ 과장님은 항상 혼자서 투덜투덜 불만을 말하고 있다.
8 おのおの 어느 작품도 제각기 잘 만들어져 있다.
9 いちいち 그는 어떤 것이든 일일이 트집을 잡는다.

6
1 一応 선생님, 일단 번역했는데 확인해주시겠습니까?
2 いっそう 여러분이 더 노력할 것을 바랍니다.
3 年中 그 이야기라면 어머니로부터 항상 들어서 질렸습니다.
4 一体 도대체 그는 앞으로 어떻게 할 셈일까.
5 一度に 한꺼번에 여러 가지 말해도 나에게는 무리입니다.
6 再三 여러 번 충고했는데도 그는 들으려 하지 않았다.
7 近々 친구가 머지않아 결혼을 발표한다고 한다.
8 少々 조금 더 기다려 주세요.

7
1 いわば 이 마을은 말하자면 일본의 교토 같은 곳이다.
2 せめて 적어도 나에게만이라도 털어놔주길 바랬다.
3 むしろ 그래서는 시합이라기보다는 오히려 싸움이다.
4 まるで 취한 탓일까 어제의 일은 전혀 기억나지 않는다.
5 ごく 그런 것은 이 마을에서는 매우 흔한 사건이다.
6 ほぼ 연극 시작 1시간 전에 객석은 거의 만원이 되었다.
7 やや 출연자들은 약간 긴장하고 있었다.

8 どうせ 인간은 어차피 언젠가는 죽으니까 즐겁게 살고 싶다.

8
1 いくぶん 아직 조금 통증이 남아 있습니다.
2 いったん 일단 봉투를 열면 반품할 수 없다.
3 おそらく 아마 그는 심하게 화내고 있을 것이다.
4 なにぶん 부디 잘 부탁합니다.
5 なにしろ 이 영화 아무튼 재미있어요.
6 ひとまず 환자의 의식이 돌아왔기 때문에 우선 안심이다.
7 本来 이것은 원래 우리가 해야 할 일이다.
8 なんとも 뭐라고도 할 수 없는 좋은 향기가 난다.
9 幸い 나무에서 떨어졌지만 다행히 큰 상처는 없었다.
10 いっせいに 벚꽃이 일제히 피기 시작했다.

9
1 さっぱり 샤워를 해서 상쾌하다.
2 のんびり 휴일은 집에서 느긋하게 지낸다.
3 ぴったり 예상이 딱 맞다.
4 いまに 부모님의 깊은 애정을 언젠가 알 것이다.
5 おおいに 오늘밤은 많이 마시자.
6 たまに 고향에는 가끔밖에 갈 수 없다.
7 とたんに 선물을 받자마자 기분이 좋아졌다.
8 ようするに 요컨대 자네는 그 안에 반대인거군.
9 さっさと 빨리빨리 걷지 않으면 늦어서 전철을 못 탄다.

10

1 ぼんやり 멀리 후지산이 어렴풋이 보인다.
2 わざと 결코 일부러 진 것은 아닙니다.
3 わりと 시합 결과는 비교적 좋아서 안심했다.
4 はきはき 좀더 또렷또렷하게 하지 않으면 어머니에게 혼난다.
5 広々(ひろびろ) 호텔의 널찍한 정원에서 느긋하게 쉬다.
6 ますます 시민 마라톤의 참가자는 점점 늘고 있다.
7 あいにく 마침 그 날은 형편이 되지 않습니다.
8 あくまで 그 도로계획에는 끝까지 반대할 작정이다.
9 たいして 목적지까지 그다지 시간은 걸리지 않았다.
10 着々(ちゃくちゃく) 새로운 공항은 순조롭게 완성되어 가고 있다.

11

1 たまたま 마침 사고가 일어났던 장소에 있었다.
2 まあまあ 별로 공부하지 않았던 것 치고는 그럭저럭 괜찮은 성적이었다.
3 いまにも 태양이 당장에라도 수평선에 지려고 하고 있다.
4 終始(しゅうし) 그는 언제나 젊었을 때의 자랑이야기만 하고 있다.
5 せっかく 모처럼의 권유를 거절하다니.
6 相当(そうとう) 이번 상대는 상당히 강하기 때문에 각오하세요.
7 それほど 그렇게 갖고 싶다면 당신에게 드리겠습니다.
8 ふと 문득 정신을 차리자 아무도 없었다.
9 多少(たしょう) 약간의 버릇없음이라면 용서해 주겠다.
10 いずれ 그 두 사람은 머지않아 헤어질 것이다.

가타카나어

p.32~36

1

1 スピーチ 졸업생을 대표해서 식에서 연설을 하다.
2 セット 자명종시계를 맞추고 자다.
3 インタビュー 시합 후, 기자가 선수에게 인터뷰를 했다.
4 スタート 신학기가 드디어 시작하다.
5 ゴール 마라톤 선수가 세계신기록으로 골인하다.
6 ストップ 인신사고로 전철이 멈추다.
7 トレーニング 헬스장에 다녀서 트레이닝을 하다.
8 サイン 택배 인수증에 이름을 사인하다.
9 プリント 여행 일정표를 프린트해서 나누어주다.

2

1 カーブ 강은 완만하게 굽어서 흐른다.
2 サービス 런치 타임은 음료가 서비스 된다.
3 ノック 문을 노크했지만 답이 없다.
4 パス 예선은 간단하게 통과했다.
5 プログラム 출연자의 사정으로 연주회의 프로그램이 변경되었다.
6 マスター 일본어를 단기간에 절대 마스터한다.
7 ライトアップ 타워에 야간조명을 켜다.
8 オープン 뭐든지 자유롭게 이야기 합시다.

3

1 フリー 프리랜서 기자로서 활약하다.
2 プラン 여행 계획을 짜다.
3 ベース 몇 가지 자료를 토대로 해서 검토하다.
4 バランス 균형을 못잡아서 넘어져 버렸다.
5 ペース 자기 페이스로 일을 하다.
6 クラシック 클래식한 디자인의 가구를 좋아한다.
7 オーバー 그 배우의 연기는 과장되다.
8 アウト 서브가 아깝게도 아웃이 되었다.
9 グラフ 기후 변화를 그래프로 만들다.
10 セミナー 대학수험을 위한 하기 세미나를 신청하다.

4

1 ナンバー 차의 넘버로 범인을 잡았다.
2 スケジュール 이번 달은 스케줄이 꽉 차있다.
3 オフィス 자택의 일부를 오피스로 사용하다.
4 ベテラン 영업의 베테랑인 그는 회사의 신뢰가 두텁다.
5 マイナス 지금 이직하면 그에게는 마이너스가 된다.
6 ユーモア 그 선생님은 유머넘치게 이야기 한다.
7 レベル 국민의 생활 레벨은 급속하게 올라갔다.

⑧ ロッカー 귀중품은 보관함에 넣어 주세요.

5
① アイデア 새로운 상품의 아이디어를 내다.
② アクセント 수수한 정장에 화려한 넥타이로 악센트를 주다.
③ イコール 그의 경우 일은 취미라고 할 수 있다.
④ イメージ 머리모양을 바꾸었더니 이미지가 확 바뀌었다.
⑤ エネルギー 아버지는 80세를 넘어서도 일에 힘을 쏟고 있다.
⑥ カバー 결점을 커버하는 화장법을 배우다.
⑦ クラブ 그 아이는 공부보다 클럽 활동에 힘을 쏟고 있다.
⑧ カロリー 병 때문에 식사의 칼로리제한을 하고 있다.
⑨ キャンセル 직전에 약속이나 예약을 취소하는 것을「どたキャン」이라고 한다.

6
① コース 마라톤 코스를 미리 검사하다.
② グループ 다섯 명의 그룹으로 나눠서 면접하다.
③ コンクール 이 경연회의 우승자는 유학할 수 있다.
④ サンプル 화장품의 무료 샘플을 받다.
⑤ ケース 이전 사건과 같은 케이스다.
⑥ コレクション 어떤 개인의 미술품 컬렉션이 공개되다.
⑦ サークル 학창시절 음악 서클에 들었었다.
⑧ コミュニケーション 지역 주민과 커뮤니케이션을 도모하다.
⑨ シーズン 드디어 꽃구경 시즌을 맞이하다.
⑩ ゼミ 그 교수의 세미나는 인기가 있다.

7
① ショップ 이 거리에는 귀여운 가게가 늘어서있다.
② ジャーナリスト 이 학부의 졸업생에는 유명한 저널리스트가 많다.
③ シンプル 쓸데없는 물건을 버리고 심플하게 산다.
④ スタイル 스타일을 좋게 보이게 하는 옷을 사다.
⑤ システム 회사의 시스템에 빠르게 적응하고 싶다.
⑥ チェック 틀린 것을 체크할 충분한 시간이 없었다.
⑦ スクール 요리학원에 다녀서 요리의 기초를 배우다.
⑧ パターン 이것은 그 동물에게서 자주 볼 수 있는 행동 패턴이다.
⑨ シリーズ 텔레비전의 명화 시리즈를 즐기고 있다.

8
① デメリット 사회의 급속한 발전에는 다양한 단점도 있다.
② トップ 회사의 간부회의에서 이 기획은 인정받았다.
③ デート 그녀에게 겨우 데이트를 신청하다.
④ パーセント 이 식품은 100퍼센트 안전합니다.
⑤ テーマ 내 졸업논문 테마는 저출산고령화입니다.
⑥ デザイン 가구의 디자인을 하다.
⑦ チャンス 큰 거래를 성사시켜 드디어 출세 기회를 잡다.
⑧ センター 문화센터에서 열리는 교실에 다니다.
⑨ テクニック 젊은 직인은 스승으로부터 전통의 기술을 배운다.
⑩ ハード 고된 연습을 견딘 사람만이 결과를 낸다.

9
① フレッシュ 남국의 신선한 과일이 나돌고 있다.
② ボーナス 여름 보너스를 기대하고 큰 쇼핑을 했다.
③ マーケット 국내 시장은 이 이상은 기대할 수 없다.
④ ハンサム 그 신사, 젊을 때는 틀림없이 미남이었을 것이다.
⑤ プライバシー 다른 사람의 사생활에는 개입하지 않는다.
⑥ プラス 이 계약은 양자에게 있어서 플러스가 된다.
⑦ マイペース 느긋하게 마이 페이스로 산에 오르다.
⑧ プロ 이 대회부터 프로도 참가할 수 있게 되었다.
⑨ ホーム 양로원에서 만년을 보내다.
⑩ ミーティング 월 1회, 아침을 먹으면서 미팅이 있다.

10

1. ラッシュアワー　러시아워를 피해서 빨리 출근한다.
2. メリット　이 댐 건설에는 어떤 이점도 없다.
3. ランニング　건강을 위해 매일 가볍게 달리기를 하고 있다.
4. レンタル　차를 렌털해서 명소를 방문하다.
5. モダン　이 호텔은 당시로서는 꽤 현대적이었다.
6. モデル　이 소설은 실재 인물을 모델로 하고 있다.
7. ランチ　이 레스토랑의 오늘의 런치는 싸고 맛있다.
8. レクリエーション　직장의 레크리에이션으로 버스 여행을 가다.
9. ロビー　친구와 호텔 로비에서 만나기로 하다.

복합어·파생어 등
p.37~41

1

[1] 事務　〔員〕　（じむいん）사무원
　　公務　　　　（こうむいん）공무원

[2] 幼稚　〔園〕　（ようちえん）유치원
　　動物　　　　（どうぶつえん）동물원

[3] 自由　　　　（じゆうか）자유화
　　合理　〔化〕　（ごうりか）합리화
　　標準　　　　（ひょうじゅんか）표준화
　　表面　　　　（ひょうめんか）표면화

[4] 図書　　　　（としょかん）도서관
　　大使　〔館〕　（たいしかん）대사관
　　博物　　　　（はくぶつかん）박물관

[5] 責任　　　　（せきにんかん）책임감
　　無力　〔感〕　（むりょくかん）무력감
　　安定　　　　（あんていかん）안정감

[6] 予想　　　　（よそうがい）예상외, 뜻밖임
　　時間　〔外〕　（じかんがい）시간외
　　対象　　　　（たいしょうがい）대상외

[7] 社交　　　　（しゃこうかい）사교계
　　人間　〔界〕　（にんげんかい）인간계
　　自然　　　　（しぜんかい）자연계

[8] 価値　　　　（かちかん）가치관
　　人生　〔観〕　（じんせいかん）인생관
　　世界　　　　（せかいかん）세계관

[9] 地下　〔街〕　（ちかがい）지하가
　　商店　　　　（しょうてんがい）상점가

[10] 営業　〔費〕　（えいぎょうひ）영업비
　　 交際　　　　（こうさいひ）교제비

[11] 年齢　　　　（ねんれいそう）연령층
　　 中間　〔層〕　（ちゅうかんそう）중간층
　　 読者　　　　（どくしゃそう）독자층

[12] 出生　　　　（しゅっしょうりつ）출생률
　　 失業　〔率〕　（しつぎょうりつ）실업률
　　 視聴　　　　（しちょうりつ）시청률

2

[1] 消火　〔器〕　（しょうかき）소화기
　　洗面　　　　（せんめんき）세면기

[2] 就職　　　　（しゅうしょくぐち）취직자리
　　出入　〔口〕　（でいりぐち）출입구
　　改札　　　　（かいさつぐち）개찰구
　　非常　　　　（ひじょうぐち）비상구

[3] 具体　　　　（ぐたいせい）구체성
　　現実　〔性〕　（げんじつせい）현실성
　　確実　　　　（かくじつせい）확실성
　　将来　　　　（しょうらいせい）장래성

[4] 初心　　　　（しょしんしゃ）초심자
　　保護　〔者〕　（ほごしゃ）보호자
　　歩行　　　　（ほこうしゃ）보행자

[5] 長期　〔戦〕　（ちょうきせん）장기전
　　公式　　　　（こうしきせん）공식전

[6] 途上　　　　（とじょうこく）도상국
　　産油　〔国〕　（さんゆこく）산유국
　　先進　　　　（せんしんこく）선진국

[7] 応援　　　　（おうえんだん）응원단
　　消防　〔団〕　（しょうぼうだん）소방단
　　実業　　　　（じつぎょうだん）실업단

8	典型	〔的〕	（てんけいてき）전형적
	定期		（ていきてき）정기적
	現実		（げんじつてき）현실적

9	運送	〔料〕	（うんそうりょう）운송료
	使用		（しようりょう）사용료
	手数		（てすうりょう）수수료

10	地方	〔色〕	（ちほうしょく）지방색
	天然		（てんねんしょく）천연색
	国際		（こくさいしょく）국제색

11	注目	〔度〕	（ちゅうもくど）주목도
	知名		（ちめいど）지명도
	好感		（こうかんど）호감도

12	民主	〔制〕	（みんしゅせい）민주제
	共和		（きょうわせい）공화제
	選択		（せんたくせい）선택제
	予約		（よやくせい）예약제

3

1	共同	〔体〕	（きょうどうたい）공동체
	自治		（じちたい）자치단체
	連合		（れんごうたい）연합체

2	自己	〔流〕	（じこりゅう）자기류, 자기만의 방식
	西洋		（せいようりゅう）서양풍

3	記憶	〔力〕	（きおくりょく）기억력
	抵抗		（ていこうりょく）저항력
	想像		（そうぞうりょく）상상력
	軍事		（ぐんじりょく）군사력
	集中		（しゅうちゅうりょく）집중력

4	代表	〔作〕	（だいひょうさく）대표작
	処女		（しょじょさく）처녀작

5	保護	〔区〕	（ほごく）보호구
	特別		（とくべつく）특별구

6	個性	〔派〕	（こせいは）개성파
	演技		（えんぎは）연기파
	少数		（しょうすうは）소수파
	多数		（たすうは）다수파

7	個人	〔差〕	（こじんさ）개인차
	温度		（おんどさ）온도차

8	料理	〔人〕	（りょうりにん）요리하는 사람
	案内		（あんないにん）안내인
	受取		（うけとりにん）수취인
	差出		（さしだしにん）발송인

9	第一	〔線〕	（だいいっせん）제일선, 최전선
	最前		（さいぜんせん）최전선

10	依頼	〔心〕	（いらいしん）남에게 의지하는 마음
	競争		（きょうそうしん）경쟁심
	好奇		（こうきしん）호기심

11	生活	〔圏〕	（せいかつけん）생활권
	安全		（あんぜんけん）안전권
	大気		（たいきけん）대기권

4

1 〔再〕	利用	（さいりよう）재이용
	評価	（さいひょうか）재평가
	出発	（さいしゅっぱつ）재출발
	放送	（さいほうそう）재방송

2 〔高〕	得点	（こうとくてん）고득점
	金利	（こうきんり）고금리
	収入	（こうしゅうにゅう）고수입

③ 〔不〕	道徳　（ふどうとく）부도덕 特定　（ふとくてい）불특정 人気　（ふにんき）인기가 없음 機嫌　（ふきげん）심기가 좋지 않음, 기분이 언짢음 景気　（ふけいき）불경기 都合　（ふつごう）형편이나 사정이 좋지 못함
④ 〔新〕	企画　（しんきかく）신기획 発売　（しんはつばい）신발매 体制　（しんたいせい）신체제
⑤ 〔諸〕	連絡　（しょれんらく）연락사항 事情　（しょじじょう）여러 가지 사정
⑥ 〔総〕	監督　（そうかんとく）총감독 収入　（そうしゅうにゅう）총수입 決算　（そうけっさん）총결산 辞職　（そうじしょく）총사직 選挙　（そうせんきょ）총선거
⑦ 〔超〕	能力　（ちょうのうりょく）초능력 満員　（ちょうまんいん）초만원 大国　（ちょうたいこく）초강대국
⑧ 〔短/長〕	期間　（たんきかん / ちょうきかん）단/장기간 距離　（たんきょり / ちょうきょり）단/장거리 時間　（たんじかん / ちょうじかん）단/장시간
⑨ 〔反〕	社会的（はんしゃかいてき）반사회적 政府　（はんせいふ）반정부
⑩ 〔全〕	速力　（ぜんそくりょく）전속력 自動　（ぜんじどう）전자동
⑪ 〔未〕	公開　（みこうかい）미공개 使用　（みしよう）미사용 完成　（みかんせい）미완성 経験　（みけいけん）미경험 解決　（みかいけつ）미해결
⑫ 〔大〕	掃除　（おおそうじ）대청소 仕事　（おおしごと）큰 일

5

① 〔逆〕	指名　（ぎゃくしめい）역지명 効果　（ぎゃくこうか）역효과 輸入　（ぎゃくゆにゅう）역수입
② 〔生〕	放送　（なまほうそう）생방송 野菜　（なまやさい）생야채
③ 〔多〕	人数　（たにんずう）많은 사람 目的　（たもくてき）다목적 方面　（たほうめん）다방면
④ 〔好〕	景気　（こうけいき）호경기 印象　（こういんしょう）좋은 인상 人物　（こうじんぶつ）호인, 성질이나 인품이 좋은 사람 都合　（こうつごう）형편이 좋음 天気　（こうてんき）날씨가 좋음
⑤ 〔悪〕	影響　（あくえいきょう）악영향 天候　（あくてんこう）악천후 趣味　（あくしゅみ）악취미 循環　（あくじゅんかん）악순환
⑥ 〔現〕	住所　（げんじゅうしょ）현주소 時点　（げんじてん）현시점
⑦ 〔副〕	社長　（ふくしゃちょう）부사장 校長　（ふくこうちょう）교감 作用　（ふくさよう）부작용

8 〔非〕	課稅（ひかぜい）비과세 常識（ひじょうしき）비상식 暴力（ひぼうりょく）비폭력	11 〔力〕	仕事（ちからしごと）육체노동 不足（ちからぶそく）역부족
9 〔無〕	氣力（むきりょく）무기력 意識（むいしき）무의식 差別（むさべつ）무차별 關心（むかんしん）무관심	12 〔名〕	演說（めいえんぜつ）명연설 文句（めいもんく）명문구
10 〔最〕	前列（さいぜんれつ）맨앞줄 年少（さいねんしょう）최연소 前線（さいぜんせん）최전선		

훈독 명사 등
p.42～44

問題 1

あ
あせ 땀
あぶら 기름
いき 숨
いわ 바위
うち 안, 속
おく 속, 깊숙한 안쪽

か
かい 조개
かた 어깨
かみ 신
かわ 가죽, 껍질
きし 물가, 낭떠러지
けむり 연기
こい 사랑
こおり 얼음
こし 허리
こな 가루

さ
さかい 경계
さけ 술
さら 접시
しな 물건

しろ 성
すえ 끝, 끄트머리
すがた 모습, 몸매
そこ 바닥

た
たから 보물
たたみ 다다미
たに 계곡
たね 씨, 종자
たび 여행
つぶ 알, 알갱이
となり 이웃, 옆
どろ 진흙

な
なか 사이, 관계
なみ 파도, 물결
なみだ 눈물
ぬの 직물, 천
ね 뿌리
ね／あたい 값, 가격
ねこ 고양이
のき 처마

は
ば 장소
はしら 기둥
はだ 피부
はたけ 밭

はね 날개
はら 배, 복부
はり 바늘, 가시
ふくろ 자루, 주머니
ほね 뼈
ほり 수로

ま
ま／あいだ 사이, 틈
まご 손자, 자손
まる 동그라미
み 열매, 씨앗
み 몸, 신체
むすめ 딸
むね 가슴
もと／もとい 기초, 근본
もと 시작, 근원
もの 자, 사람

や
やど 집, 숙소
ゆ 뜨거운 물

わ
わ 고리, 수레바퀴

問題 2

あ
あいて 상대
あしあと 발자취, 행방
あしもと 발치, 발걸음

	あたり 근처	ひととおり (처음부터 끝까지) 대충, 한차례	いっしゅん 일순, 순간
	あみもの 편물, 뜨개질	ひとどおり 사람의 왕래	いっち 일치
	いきおい 기세, 힘	ふなびん 배편	いってい 일정
	いど 우물		ゆいいつ 유일
	いま 거실	ま まいご 미아	以 いか 이하
	えがお 웃는 얼굴	まちかど 길모퉁이, 길거리	いご 이후
	おおや 집주인	まどぐち 창구	いこう 이후
か	かきとめ 써서 남겨둠, 등기우편	みかた 보는 방법, 관점	いぜん 이전
	かたみち 편도, 한쪽	みやげ (여행지에서 사오는)선물	いらい 이래, 이후
	かわせ 환	むし 충치	演 えんぎ 연기
	くみあい 조합	むれ 떼, 무리	えんげき 연극
	くらし 살림, 생활	めうえ 윗사람	えんしゅう 연주
	こや 오두막집	めした 아랫사람, 손아래	えんぜつ 연설
さ	さかさま 거꾸로 됨	めやす 기준, 목표	こうえん 공연
	しきち 부지, 대지	ものおき 곳간	しゅつえん 출연
	しあわせ 행복, 행운	ものおと (무슨)소리	温 おんたい 온대
	したまち 서민들이 주로 사는 동네	ものがたり 이야기	おんど 온도
	しろうと 비전문가, 문외한	ものごと 사물, 세상사	会 かいいん 회원
た	たがい 서로, 상호	や やくめ 임무, 역할	かいぎ 회의
	つつみ 꾸러미, 보따리	やくわり 역할	かいけい 회계
	つゆ 장마	やじるし 화살표	しかい 사회
	ていれ 손질	ゆうひ 석양	へいかい 폐회
	てまえ 자기 앞	よなか 밤중, 한밤중	開 かいえん 개연
	としより 노인, 늙은이	わ わりあい 비율	かいかい 개회
な	なかま 동료, 한패	わりびき 할인	かいこう 개강
	なかみ 내용물		かいさい 개최
	なみき 가로수	**중요숙어**	かいし 개시
	にがて 서투름, 잘못함	p.45〜52	かいつう 개통
	にもつ 짐, 하물		かいほう 개방
は	はいいろ 회색, 잿빛	安 あんてい 안정	かいまく 개막
	はぐるま 톱니바퀴	案 あんない 안내	火 かざん 화산
	はやくち 말이 빠름	意 いぎ 의의	かさい 화재
	はんこ 도장	いしき 의식	改 かいさつ 개찰
	ひあたり 볕이 듦, 양달	けいい 경의	かいせい 개정
	ひづけ 날짜	一 いちりゅう 일류	かいぜん 개선
	ひとこと 한마디 말	いっしゅ 일종, 한 종류	解 かいけつ 해결
			かいさん 해산

	かいしゃく 해석		かんれん 관련	基	きじゅん 기준
	かいほう 해방	気	きあつ 기압		きそ 기초
	ごかい 오해		きおん 기온		きち 기지
確	かくじつ 확실		けいき 경기		きばん 기반
	かくにん 확인		じょうき 증기	期	きかん 기간
	かくりつ 확률		けはい 기척, 기미		きげん 기한
活	かっき 활기	機	きかい 기회		きたい 기대
	かつじ 활자		きかん 기관		えんき 연기
	かつどう 활동		きげん 기분, 심기		じき 시기
	かつやく 활약		きのう 기능		たんき 단기
	かつよう 활용	器	しょっき 식기	議	ぎいん 의원
	かつりょく 활력		ぶき 무기		ぎかい 의회
過	かこ 과거		きぐ 기구		ぎちょう 의장
	かしつ 과실		きよう 손재주가 있음, 요령이 좋음	金	きんがく 금액
	かてい 과정	休	きゅうか 휴가		きんこ 금고
価	かかく 가격		きゅうぎょう 휴업		きんせん 금전
	かち 가치		きゅうけい 휴게, 휴식		きんぞく 금속
	ひょうか 평가		きゅうこう 휴강		きんゆう 금융
	ぶっか 물가		きゅうそく 휴식		げんきん 현금
下	かこう 하강		きゅうよう 휴양		しゃっきん 빚, 돈을 꿈
	かせん 밑줄	強	きょうか 강화	規	きじゅん 기준
	げしゃ 하차		きょうちょう 강조		きそく 규칙
	ていか 저하		ごうとう 강도		きりつ 규율
感	かんかく 감각	行	ぎょうぎ 예의범절	経	けいざい 경제
	かんげき 감격		ぎょうじ 행사		けいゆ 경유
	かんしゃ 감사		ぎょうれつ 여럿이 줄지어 감, 행렬	芸	げいじゅつ 예술
	かんしん 감심, 감탄		りゅうこう 유행		げいのう 예능
	かんどう 감동		こうこう 효행, 효도		ぶんげい 문예
間	かんかく 간격	記	きじ 기사		こうげい 공예
観	かんきゃく 관객		きしゃ 기자	見	けんかい 견해
	かんげい 환영		きにゅう 기입		けんとう 어림, 짐작
	かんこう 관광		きねん 기념		けんぶつ 구경
	かんさつ 관찰		きろく 기록	原	げんいん 원인
	かんそく 관측		あんき 암기		げんこう 원고
	かんねん 관념		ひっき 필기		げんさん 원산
関	かんけい 관계				げんし 원시
	かんしん 관심				げんり 원리

	げんりょう 원료	事	じけん 사건	主	しゅご 주어
現	げんしょう 현상		じじつ 사실		しゅちょう 주장
	げんじょう 현상		じたい 사태		しゅふ 주부
	げんだい 현대		じむ 사무		しゅやく 주역
	げんば 현장		じんじ 인사	上	じょうきょう 상경
交	こうかん 교환		かじ 가사		じょうし 상사
	こうさ 교차	子	しそん 자손		じょうしょう 상승
	こうさい 교제		かし 과자		じょうたつ 숙달
	こうたい 교대	自	じさつ 자살	情	じょうほう 정보
	こうばん 파출소		じしん 자신		あいじょう 애정
	こうりゅう 교류		じしん 자신, 자기		じゅんじょう 순정
高	こうそう 고층		じたく 자택, 자기 집		かんじょう 감정
	こうそく 고속		じち 자치		ゆうじょう 우정
	こうど 고도		じまん 자랑		じじょう 사정
公	こうがい 공해		じりつ 자립	重	じゅうし 중시
	こうきょう 공공	実	じっかん 실감		じゅうたい 체중, 몸무게
	こうしき 공식		じっけん 실험		じゅうてん 중점
	こうひょう 공표		じつげん 실현		じゅうやく 중역
	こうむ 공무		じっこう 실행		じゅうりょく 중력
合	ごうどう 합동		じっさい 실제	資	しほん 자본
	ごうりゅう 합류		じっし 실시		しりょう 자료
国	こくみん 국민		じっしゅう 실습		しげん 자원
	こくりつ 국립		じっせき 실적	支	しきゅう 지급
	こっか 국가		じつぶつ 실물		しはい 지배
	こっかい 국회		じつよう 실용		ししゅつ 지출
最	さいちゅう 한창인 때	商	しょうぎょう 상업	修	しゅうせい 수정
	さいきん 최근, 요즈음		しょうしゃ 상사		しゅうり 수리
作	さぎょう 작업		しょうばい 장사		しゅうぜん 수선
	さくしゃ 작자	食	しょくひん 식품		けんしゅう 연수
	さくせい 작성		しょくもつ 식물	書	しょるい 서류
	さくもつ 작물		しょくりょう 식료		しょせき 서적
	さっか 작가		しょくりょう 식량		どくしょ 독서
	さっきょく 작곡	出	しゅっきん 출근		とうしょ 투서
	さほう 예절, 작법		しゅっしん 출신	心	しんしん 심신
	そうさ 조작		しゅっせ 출세		しんぞう 심장
	そうさく 창작		しゅっちょう 출장		としん 도심
	どうさ 동작		しゅっぱん 출판	信	しんごう 신호

	しんよう 신용		そうご 상호		ちじ 지사
身	しんちょう 신장, 키		そうぞく 상속	調	ちょうさ 조사
	どくしん 독신		そうだん 상담, 의논		ちょうし 상태, 컨디션
人	じんぞう 인조	想	かんそう 감상		ちょうせい 조정
	じんぶつ 인물		くうそう 구상		ちょうせつ 조절
	はんにん 범인		しそう 사상	長	ちょうき 장기
	しょくにん 직인, 장인		はっそう 발상		ちょうしょ 장점
	こじん 개인		りそう 이상		ちょうじょ 장녀
	ちじん 지인	増	ぞうげん 증감		ちょうなん 장남
	びじん 미인		ぞうだい 증대		えんちょう 연장
水	すいじゅん 수준		ぞうか 증가	中	ちゅうこ 중고
	すいどう 수도	大	たいき 대기		ちゅうと 중도, 도중
	すいぶん 수분		だいく 목수		ちゅうねん 중년
	すいめん 수면		だいじん 대신		ねっちゅう 열중
図	ずけい 도형		だいとうりょう 대통령	直	ちょくご 직후
	ずひょう 도표, 그래프	体	たいせき 체적, 부피		ちょくせん 직선
	ずかん 도감		たいそう 체조		ちょくぜん 직전
成	せいじん 성인		たいけい 체계		ちょくつう 직통
	せいちょう 성장		たいおん 체온	通	つうか 통과
	せいぶん 성분		えきたい 액체		つうがく 통학
	せいりつ 성립		きたい 기체		つうきん 통근
性	せいかく 성격		こたい 고체		つうこう 통행
	せいしつ 성질		したい 시체		つうしん 통신
	せいのう 성능		だんたい 단체		つうち 통지
	せいべつ 성별	単	たんい 단위		つうやく 통역
制	せいげん 제한		たんご 단어		つうよう 통용
	せいさく 제작	対	たいさく 대책	点	さいてん 채점
	せいど 제도		たいしょう 대상		しゅうてん 종점
	たいせい 체제		たいしょう 대조		けってん 결점
製	せいさく 제작		たいりつ 대립		ちょうてん 정점, 정상
	せいひん 제품	地	ちく 지구, 일정한 지역		じゃくてん 약점
全	ぜんしゅう 전집		ちしつ 지질		しょうてん 초점
	ぜんぱん 전반		ちほう 지방		りてん 이점
先	せんじつ 일전, 요전(날)		じめん 지면	電	でんきゅう 전구
	せんぞ 선조	知	ちえ 지혜		でんせん 전선
	せんぱい 선배		ちしき 지식		でんち 전지
相	そうい 서로 다름		ちのう 지능		でんぱ 전파

91

	でんりゅう 전류		はつめい 발명		むだ 쓸데없음, 헛됨
	はつでん 발전	番	ばんぐみ (방송)프로그램	名	めいし 명함
同	どうかく 동격, 같은 자격		じゅんばん 순번, 차례		めいぶつ 명물
	どうりょう 동료	批	ひはん 비판		しょめい 서명
度	いど 위도		ひひょう 비평	予	よき 예기, 미리 기대함
	かくど 각도	表	ひょうげん 표현		よさん 예산
	けいど 경도		ひょうめん 표면		よしゅう 예습
	げんど 한도		ひょうじょう 표정		よそく 예측
	そくど 속도	標	ひょうしき 표지		よび 예비
当	とうじ 당시		ひょうじゅん 표준		よほう 예보
	とうじつ 당일, 그날		もくひょう 목표		よぼう 예방
	とうばん 당번	評	ひょうか 평가	要	ようきゅう 요구
道	どうとく 도덕		ひょうばん 평판		ようし 요지
	どうろ 도로	不	ふか 불가		ようそ 요소
	ほどう 보도		ふつう 불통		ようてん 요점
	てつどう 철도	分	ぶんかい 분해		ようりょう 요령
特	とくしょく 특색		ぶんせき 분석		じゅよう 수요
	とくちょう 특징		ぶんぷ 분포	理	しんり 심리
	とくてい 특정		ぶんや 분야		せいり 정리
	とっきゅう 특급		ぶんるい 분류		かんり 관리
日	にちじ 일시		ぶんりょう 분량	利	りえき 이익
	しゅくじつ 축일, 경축일	文	ぶんけん 문헌		りがい 이해
	さいじつ 제일, 신사의 제사가 있는 날		ぶんみゃく 문맥		けんり 권리
	にっこう 햇빛		もんく 문구, 불평	力	きょうりょく 협력
	にってい 일정	平	へいきん 평균		けんりょく 권력
	らいにち 일본으로 옴		へいこう 평행		こうりょく 효력
能	のうりょく 능력		へいじつ 평일		どりょく 노력
	さいのう 재능		へいや 평야	連	れんごう 연합
農	のうか 농가	方	ほうこう 방향		れんそう 연상
	のうそん 농촌		ほうしん 방침		れんぞく 연속
	のうみん 농민		ほうめん 방면		れんらく 연락
	のうやく 농약	満	まんいん 만원	論	ぎろん 의론, 토론
発	はつおん 발음		まんてん 만점		けつろん 결론
	はっき 발휘	面	めんせき 면적		
	はったつ 발달		めんせつ 면접		
	はってん 발전	無	むし 무시		
			むじ 무늬가 없음		

新 JLPT 일본어능력시험

N2 직전대책

15회분
실전모의고사

언어지식 문자·어휘 / 문법